반란하자
발랄하게

반란하자 발랄하게

민경자 지음

북앤미

CONTENTS

Ⅳ 일본 연수

Ⅴ 시 2편과 동화 그리고 …

책을 펴내며

마음이 갑갑할 때면 나는 초록빛의 자연을 향해 시야를 돌린다. 푸른 하늘아래 싱그러운 녹색들이 보이지 않는 상쾌함, 맑음, 행복감을 선사한다. 자연이 문제를 해결해 주지는 못하지만 해결할 수 있는 마음을 다잡게 해주는 힘이 되는 것이다.

오늘 이 부끄러운 글들을 모아 '따라쟁이'처럼 책을 내놓게 됨에 괜히 시작했다는 후회와 좀 더 일찍 준비하지 못한 아쉬움이 교차한다. 이 책을 펼친 누군가에게 부족한 글들 중 한 줄의 문구라도 어떠한 영감을 줄 수 있으면 하는 욕심을 감히 부려본다.

책의 구성은 모두 5장으로 이루어졌다. 1장에는 구리시의 인연을 시작으로 전개된 구리시 주민들과의 작은 활동들을 생생하게 기록하였다. 2장은 지난 3년 반의 의정 활동을 중심으로 직접 겪은 지방자치의 현실과 문제점 그리고 대안에 대해 언급했다. 3장부터는 개인적으로 참여한 해외 연수의 생생한 보고서로, 프랑스 파리와 벨기에 연수(3장) 두 번의 일본 연수(4장)에 대하여 실었다. 5장은 평상시 기록한 시와 동화, 사람들의 응원편지를 담았다.

특히 3장의 프랑스 연수 보고서는 16명의 여성 지방의원과 함께한

7박 9일 일정의 내용을 기록한 것으로 함께 한 의원님들의 글들을 인용하여 작성하였기에 지면을 통해 양해 말씀을 올린다. 대구 성기순 의원, 광주광역시 홍인화 의원, 서울 양천구 김경자 의원, 서울 관악구 왕정순 의원, 오산시 김미정 의원, 시흥시 이성덕 의원, 파주시 임현주 의원, 동작구 김영미 의원, 강동구 김종희 의원, 도봉구 이영숙 의원, 서대문구 서정순 의원, 안양시 홍춘희 의원, 김해시 하선영 의원, 광진구 조영옥 의원, 송파구 이정미 의원(161쪽 출국사진 순서. 이정미의원은 현지 합류)님과의 행복했던 시간들에 감사를 드린다.

평상시의 글들을 모아 한 권의 책을 엮음에 도움을 주신 지역 어르신 안영기 전 의원님과 나의 롤 모델인 외숙부 박민수 전 춘천교육대학교 총장님, 그리고 짧은 기간에 책을 구성해준 친구 김금실 북앤미 대표에게 감사드리며 이 책을 만나는 모든 분들의 가정에 건강과 복됨이 늘 함께 하시길 진심으로 기원 드린다. 앞으로도 끊임없는 배움의 열정과 노력으로 지역발전에 보탬이 되도록 열심히 생활하겠다는 약속을 올리며 다시 한 번 큰 절로 감사를 표한다.

2014년 2월

민 경 자

추천사

아름다운 '반란과 발랄'로 신나는 구리시 참 일꾼이 되길

–민 경자 시의원의 저서 〈반란하자 발랄하게〉 출판을 축하하며

박 민 수
전 춘천교육대학교교수, 총장
현 춘천교육대학교 명예교수
현 〈박민수뇌경영연구소〉 소장

나는 그곳 구리시 민 경자 의원의 외삼촌 되는 사람입니다. 나는 오늘 문득, 민 의원이 어려서 학교 다닐 때 늘 나를 잘 따르던 일이 생각납니다. 내가 고등학교 선생을 하고 있을 때였습니다. 그러면서 장래 학자가 되고자 열심히 책을 읽고 있을 때였습니다.

민 경자 의원은 고등학생 때부터 대학생이 되어서까지 자주 나를 찾아왔고, 그럴 적마다 무엇인가를 계속 물으며, 자기 장래를 의논해 오기도 하였습니다. 나는 그가 미더웠고, 무엇인가 큰일을 할 인물이구나 하고 생각했습니다.

그 후 그가 대학을 졸업하고, 나에게 신랑감을 찾아달라고 했습니다. 나는 그의 말이 떨어지기도 전에, "그래, 내 제자 중에 깜이 하나 있지."라고 말했습니다. 내가 생각한 그 신랑감은 대학을 졸업하고 중소기업에 취업을 하여 직장 생활을 하고 있었습니다. 나는 그가 앞으로

큰일을 할 터이고, 신랑 노릇을 잘 할 것이라는 확신을 갖고 있었습니다. 학교 다닐 때에 아주 성실하면서도 소신 있는 모습이 눈에 띄었던 것입니다. 그래서 그 둘을 만나게 해 주었습니다. 그리고 둘은 어느 날 결혼을 하겠다고 전해왔습니다. 그 후 둘은 지금껏 아주 화목하면서도 제 맡은 일들을 역동적, 진취적으로 수행해 내며 잘들 살고 있습니다.

그 후 세월이 많이 흐른 어느 날 민 경자 의원이 내게 전화를 하였습니다. 구리시 시의원이 되었다는 것입니다. 그곳에 부부가 정착하여 아주 부지런히 봉사도 하며 공부도 하며 생활하더니, 그새 시민들의 지지를 받아 시의원이 되었다는 것이 너무 기뻤습니다. 어렸을 적 늘 그 하는 일들이 순수하고 열정적이며, 남다르게 친구들과도 이웃들과도 잘 어울리며, 무엇인가를 돕고자 애쓰더니, 제 고향도 아닌 곳에서 시민들에게 헌신하는 일을 맡게 되었다니, 나는 크게 크게 "그렇지, 그렇지" 하며 혼자 손뼉을 쳤습니다. "자기가 참으로 하고 싶었던 일을 기어이 하게 되었으니, 부지런히 시민들의 손발이 되고 지팡이가 되어라!" 나는 또 혼자 이렇게 말했습니다.

이런 민 경자 의원이 그 동안 시 의원으로서 했던 일들과 여러 가지 소신을 담은 생각들을 모아 책을 낸다니 또 기쁩니다. 더욱이 책 제목이 《반란하자, 발랄하게》라니, 정말 어렸을 적에 그 뛰고 놀며 공부하던 때의 발랄하던 모습이 생생하게 떠오릅니다. 여기에서 '반란하자'라는 것은 과거 우리 현실이 갖고 있던 비민주적 관행, 타성, 고집, 거짓, 부정부패 같은 것들을 과감히 털어내자는 것입니다. 이러한 반란을 투쟁이니 저항이니 하는 갈등 수단에 의해서가 아니라 '발랄하게', 그러니까 아주 참신한 생각과 즐거운 마음과 희망으로 함께 신나게 이루어 가자는 것입니다.

그렇습니다. 우리는 아직도 아름다운 민주주의 나라에 살면서, 아름답지 못한 비민주적 관행으로 서로 헐뜯고, 속이고, 싸우는 예가 많습니다. 우리는 이것을 벗어나야 합니다. 우리는 더불어 함께 하나로 어울려 사는 아름다운 민주주의 세상을 만들어야 합니다. 나는 우리 민경자 의원이 그곳 구리시에서 이렇게 발랄하게 반란하면서 "바지런 바지런 부지런 부지런 늘 주민과 함께 동네 한 바퀴" 어울려 돌고 또 돌면서 기쁨과 희망을 함께 나누는 큰일을 해 주었으면 하고 바랍니다. 파이팅! 책 출판을 축하해요. 외삼촌에게 기쁨을 전해 주어 고맙고요.

2014년 2월 20일
춘천에서

축하의 글

아기를 키우는 자상한 엄마의 글이자
알뜰한 주부의 생활수기요
자식을 교육시키는 냉엄한 삼천지교의 글이다.
책을 사랑하고 독서를 생활화 해온 저자는
초등학교 때부터 잃어버린 시절의 기억들을 꼬박
쌓아둔 추억의 장을 자전적으로 풀어 놓았다.
저자가 여성으로서 지방 살림살이를 맡는 지방의원으로의
진출은 바로 이러한 성장배경이 자리 잡고 있다.
때문에 저자의 글에는 어떻게 맑고 밝은 내 고장을 만들어 나갈까
하는 순수가 쓰여 있으되 패 가르기 이념이나 진영의
논리는 보이지 않는다.
해외연수 등 때 묻지 않은 여성의 세심한 의정활동에서
엄마정신이 엿보이기도 한다.
중년의 여인에서 느끼지 못할 발랄함에 저자의 꿈은
아직도 소녀처럼 맑다.

2014년 2월 20일
죽송 안영기
언론인 · 전 구리시의원

I

구리시와의 인연

내가 구리시와 처음 인연을 맺은 것은
교문동의 한가람 아파트에 입주하면서다.

그때가 1994년 12월이니
구리에 살며 울고 웃은 지 벌써 20년이 된다.

I

어린이 전문 책방에 꽂히다

내가 구리시와 처음 인연을 맺은 것은 교문동의 한가람 아파트에 입주하면서다. 그때가 1994년 12월이니 구리에 살며 울고 웃은 지 벌써 20년이 된다.

구리에 둥지를 틀면서 행정적으로는 그 때부터 구리시민이 되었을지 모르겠지만 직장이 서울이다 보니 한동안 마음은 서울 생활권에 머물고 있었다. 장조차 퇴근길에 서울에서 볼 정도였으니 말만 구리사람이었지 사실상 서울 사람이었다. 당연히 구리가 어떤 곳인지에 대해서는 아는 바도 없었고 알 생각도 없었다. 그러던 내가 온전한 구리시민이 되기 시작한 것은 구리에서 어린이 전문 책방을 시작하면서부터.

서울여대 평생교육원에서 독서지도사 교육과정을 1년간 이수하고 우연한 기회에 일본의 동경과 오사카를 7일간 여행할 기회가 있었다. 그 기간 동안 나는 매일 도서관과 관련된 작은 도서관, 분관, 역도서관, 민간도서관, 작은 책방, 가정문고 등을 견학하였다. 그러면서 나는 머릿속으로 왜 우리는 이런 아이들을 위한 공간을 만들지 못했는가? 계속 반문하게 되었다. 결국 한국으로 돌아온 나는 작은 책방을 만들어야겠다고 다짐했다. 그러나 일본을 함께 방문했던 교수님은 작은 책방의 운영이 쉽지 않을 것이라며 현재 운영되고 있는 도서관 10곳을 찾아보고 신중하게 결정하라는 의견을 주셨다.

나는 우선 서울의 어린이 전문 책방, 작은 도서관들을 찾아다녔다. 이곳들 대부분은 운영상의 어려움을 겪고 있었기 때문이었는지 공히 내게 같은 질문들을 하였다.

"돈이 많으세요?"
"아니요"
"혹시 건물 같은 것을 갖고 계세요?"
"아니요"
"그럼 하지 마세요!"

10곳 중 두 곳에서만 "그래도 해야겠다고 생각하신다면 하세요!

그렇지만 많이 힘드실 거예요."라는 대답을 주었다.

어려서부터 하고 싶은 일이 생기거나 뜻을 세우면 무슨 일이든 해냈기에 결국 나는 남편에게 내 생각을 피력했다. 약간의 과장을 곁들여서…. 그런데 세상에 어째 이런 일이! 남편의 꿈이 서점 점원이었다는 것이 아닌가? 남편은 책방을 운영하는 일에 적극 협조해 주겠단다. 내 입장에서는 천군만마의 든든한 지원군을 얻게 된 것 같았다.

당시 가진 돈이 없었던 우리는 32평 아파트를 전세로 내놓고 25평 주택으로 자리를 옮기는 한편 그 차액으로 '책나라여행' 이라는 책방을 차렸다. 그러나 아직까지 서점은 문제집이나 사러 오는 곳이라는 생각이 만연해서인지 문제집을 팔지 않는 우리 책방에는 손님이 거의 없었다. 책 도매상 아저씨는 책방을 운영하려면 문제집을 팔아야 한다고 강권하며 그러하지 않은 나를 안타까워하였다. 나는 책방운영과 함께 아이들을 대상으로 독서수업을 병행하였는데, 독서 수업을 나간 시간에는 젊은 아가씨에게 책방을 맡겼다. 그러나 독서 수업 등 밖에서 내가 벌어온 돈으로 집세와 이 아가씨 월급을 주고나면 내손에는 남는 게 없었다. 독서수업을 마치고 돌아와서는 4살과 5살인 우리 애들에게 계속해 책을 읽어 주며 늦은 10시까지 책방을 지켰다. 아마 이러한 시간들이 길어지면서 내게 책을 읽어주는 재미와 요령이 생기기 시작했던 것 같다. 역시 인생은 뭔가를 잃으면 얻는 게 있어 재미가 있고 살만한 것 같다.

무료봉사로 시작한 동화구연으로 강사가 되다

어느 날, 우연히 일본인 엄마와 아이가 책방을 찾았다. 내가 책을 읽어주었더니 거의 매일 찾아오며 책을 사가는 것이었다. 책 읽어줄 때 다른 꼬마 손님이 오면 같이 읽어주었다. 이러한 과정 속에서 아이디어가 떠올라 매주 토요일마다 책을 읽어준다고 광고를 했다. 그랬더니 꼬마 손님들과 엄마들이 모여들기 시작했다.

12평 남짓한 공간 중 3평정도의 온돌방은 꼬마손님 10명조차 앉기 부족했다. 엄마들은 돈을 받고 지속적으로 책을 읽어주기를 희망했다. 결국 2층의 미술학원이 토요일에 쉬는 점을 활용해 그곳을 빌려 책을 읽어주는 활동을 하게 되었다. 늘어나는 아이들과 책을 구매하지 않고 보고만 가는 엄마들의 모습을 보면서 책을 파는 책방이 아니라 책을 빌려주는 도서관이 필요하겠다는 생각을 하게 되었다.

때마침 1995년 나는 구리시가 평생교육 차원에서 운영하는 동화구연 강사가 되어 엄마들을 대상으로 하는 3개월 과정의 동화구연강좌를 2년 연속 맡게 되었다. 3개월 과정이 끝난 후에도 나는 엄마들을 모아 동화사랑회라는 모임을 만들게 하고 매주 1회씩 모이며 자주 학습 모임을 갖게 하였다. 나는 어린이집 등에 안내문을 보내 동화구연을 무료로 해준다는 제안을 하였고, 내게 배운 엄마들을 어린이집으로 파견하기 시작했다.

처음에는 무료봉사로 동화구연을 시작하였지만 아이들이 좋아하다보니 어린이집이나 유치원원 측에서는 돈을 내면서 동화구연을 꾸준히 해달라고 하였다. 엄마들은 남을 가르쳐야 한다는 부담감에 스스로 추가 공부를 하기 위해 백화점 문화센터 등 여러 학습기관에 등록을 하였다. 나는 그들의 스펙을 쌓아주기 위해 구리시립도서관(현 교문도서관)에 개설된 동화구연 강좌에 나 대신 한 번씩 수업을 하게 하였다. 그리고 가능하면 방송대에 들어가 학력을 쌓으라고 권유하였다. 그 결과 이제는 그들 대부분이 여러 곳에서 유능한 동화구연 강사로서 짭짤하게 월수입을 올리며 자신들의 멋진 인생을 만들어가고 있다.

구리시에서 엄마들에게 동화구연을 통해 책읽기의 중요성을 가르치고, 직접 아이들에게 책을 읽어주는 활동을 하다 보니 더 많은 엄마와 아이들을 가르칠 수 있는 공간과 면허가 필요하였다. 시에서 1년에 한 번 하는 수업으로는 성에 차지 않아 남양주교육청을 찾았다. 그러나 아이들을 가르치는 학원만 인가가 있을 뿐 아이와 엄마를 가르칠 수 있는 학원에 대한 인가는 없다는 것이 교육청측의 말이었다. 인터넷을 통해 알아보니 의정부에 문화센터라는 것이 있었다. 남양주교육청에서는 처음으로 문화센터를 인가해주려고 의정부에 문의해가며 나의 인가 신청을 처리하려고 하였다. 남양주교육청은 내가 지역사회에 충분히 봉사하고자 하는 의지가 있는 사람임을 구리시와 구리도서관을 통해 확인하고 사회교육원 인가증을 내주었다.

반달동화사회교육원 원장이 되다

사회교육원을 만드는 과정 중에서 나는 결국 아파트를 팔았다. 이 아파트는 남편과 내가 3년간의 주말부부를 하면서 어렵게 장만한 것이었지만 어쩔 수 없었다. 아파트를 판 돈으로 사회교육원 자리를 임대하여 1997년 7월 반달동화사회교육원을 열었다. 책나라 여행을 접고 그 때 가지고 있던 동화책들을 모두 가지고 반달 어린이 도서관을 만들었다. 결국 수천만 원 어치의 책을 도서관을 만들기 위해 구입한 것이 되었다.

처음에는 엄마와 아이들의 책 읽어 주기로 교육원을 시작하였지만 6개월 아기부터 70세 어르신들까지 30여개의 다양한 강좌들이 개설된, 구리시 최초의 평생 교육원 역할을 하게 되었다. 시찌다교육, 재즈댄스, 발레, 미술, 일본어, 중국어, 영어 등등 여러 강좌를 두고 30여 명의 강사들을 관리하는 것은 쉽지 않은 일이었다. 더욱이 급료가 적다보니 이직률이 높아 늘 강사 구하기에 많은 시간을 소모해야 했다. 힘든 시기를 무난히 지날 수 있었던 것은 늘 어려운 일을 한다고 격려해주는 분들이 계셨기 때문이다. 그분들의 한 마디 한 마디가 큰 위안이 되고 새로운 힘이 되었다.

한 강좌에 월 1만5천 원의 저렴한 수강료로 운영을 하는 것은 사실 어려운 일이었다. 그런 가운데서도 효자 상품은 어린이 동화교실인 책읽어주기반이었다. 교육원의 교실 한 칸을 반달어린이 작은 도서관으로 등록하여 아이들이 늘 와서 책을 볼 수 있게 하였고, 동화반 어린이들은 수업이 끝나면 반드시 책을 반납하고 빌려가는 습관을 들이게 하였다. 비가 오는 날에도 토요일이면 유치원을 가지 않는 아이들이 반달동화교실에 가야한다며 스케치북과 크레파스를 들고 문 앞에서 엄마에게 재촉한다는 이야기를 들으면서 아이들이 얼마나 동화이야기 시간을 기다리는 줄 알게 되었다.

이때는 구리시에 교문도서관 하나밖에 없던 때라 나는 방학이면 도서수첩을 만들어 토평초등학교, 부양초등학교, 백문초등학교 등을 방문했고, 도서수첩을 가져오는 아이들에게는 무료로 책을 빌려주었다. 이때는 후원금을 받아 운영했는데 남양주에서까지 가족단위로 우리 도서관을 찾아 주었다. 토요일까지는 수업 강좌를 열었고, 일요일은 오전부터 오후 5시까지 도서관 문을 열었다. 나는 부모들이 책을 산더미처럼 많이 쌓아놓고 자녀들에게 책을 읽어줄 수 있게 하였다. 정말 일요일도 없이 책 속에 묻혀 살았던 것 같다.

수택3동에서 3년간 함께 해온 반달동화 사회교육원은 2000년 수택2동으로의 이전을 계기로 아이다에듀 어린이 도서관으로 명칭을 바꾸었다.

지금도 가끔 길에서 만나는 엄마들 중에는 "그때 원장님 덕분에 아이들이 책 읽기 습관이 잘 들었다, 큰 도움이 되었다"며 감사 인사를 한다. 나는 아이들에게 재미난 동화이야기를 통해 행복을 주었고, 그 아이들은 내게 보람이라는 선물을 주었다.

그러던 내게 시련이 닥쳤다. 구리시에 LG 백화점이 들어오면서 문화센터를 개설해 교육원 운영이 어려워진 데다 엎친 데 덮친 격으로 IMF환란의 여파로 전세 들었던 집이 경매에 넘어가 10원도 못 받고 쫓겨나게 될 상황에 이르렀다. 더욱이 전셋집에 도둑이 두 차례나 들었고, 문이 열리면 집을 새로 경매 받은 주인이 쫓아 올라와 빨리 나가라며 소리를 치는 경우를 두 번 당하고 나니 너무 무서웠다. 결국 나는 교육원을 접기로 하고 보증금에 융자를 보태 지금의 집을 구했다.

2000년 4월, 나의 아이들도 교육이 더 필요한데다 동화교실이 문 닫은 것을 아쉬워하는 부모들이 많아 낮 동안 집을 교육공간으로 활용하여 다시 동화교실을 시작했다. 그때 중국어 남자 선생님이 나와 함께 하겠다고 하여 부족한 교실 대신 옥상에 천막 교실을 열고 수업을 했다. 그래도 아이들은 좋다고 했다. 2000년도에 천막에서 공부하는 아이들 모습을 상상이나 했겠는가? 그러나 아이들은 모두 그 교실에서 공부하기를 너무 좋아 했다.

집에서 1년여 정도 도서관 활동을 하면서 남양주의 많은 어린이집들이 우리 도서관을 방문했고 난 그때마다 인형극 및 다양한 활동놀이를 통해 아이들에게 책을 즐기게 해주었다. 매일 동화책을 사진으로 찍은 슬라이드 동화를 제작해 벽면을 통해 큰 이야기책을 선사해주었다.

우리 아파트에는 상가가 한 채 있었는데 2년이 지나도 분양이 되지 않았다. 나는 건물 사장님께 저렴한 값에 분양받고 싶다고 말을 했지만 그분 또한 손해를 볼 수 없었는지 계속 거절하다 내가 요구한지 6개월이 지나서 내가 원하는 값에 승낙했다. 결국 나는 이 아파트에 제일 먼저 집을 분양받고 마지막으로 상가까지 분양을 받았다. 물론 빚으로 분양 받은 것이지만. 비록 건물은 두 채였지만 융자를 제하고 나면 한 채만이 우리 가족의 옹근 재산이었다. 그래도 1층에 어린이 전용 도서관을 만들어 놓고 나니 남편까지도 퇴근하면 볼풀장에 누워 책 읽기를 즐겼고 우리 가족들은 모두 집보다는 도서관에서 책 보는 것을 더 좋아했다.

아이들에게 어떻게 하면 공부를 즐겁게 만들어줄까?

어느 날, 여동생이 "언니는 춘천에서 학원을 운영할 때는 잘 나가더니 구리 가서 사회교육원을 하며 쫄딱 망했다"고 하였다. 나의 아버지께서도 사회교육원을 운영한다고 아파트를 팔아치운 것에 마음 아파 하셨다.

1990년 나는 춘천에서 영수학원을 운영했다. 우리 원에는 정말 학원비가 이틀이상 밀리는 아이가 없었다. 그때 나는 비록 2만5천원 단과 학원비를 받았지만 두 아이를 보살펴 주는 친정엄마에게 양육비도 드리고, 부식도 사서 대고, 남편 대학교 편입도 시키고, 차도 사주고 구리에 아파트 분양금도 차분히 메울 수 있었다.

'아이들에게 어떻게 하면 공부를 즐겁게 만들어줄까? 공부를 잘하게 해줄까?'

나의 가장 큰 관심사는 이 질문의 답을 찾는 일이었다. 학원에는 책을 사 복도에 진열해 놓고 일찍 오는 아이들이 쉽게 책을 읽을 수 있게 해주었다. 그런데 아이들이 책을 읽어 주면 잘 들으면서도 혼자서는 읽으려 하지 않았다. 아이들이 책을 많이 읽어야 공부를 잘할 수 있다는 것이 나의 소신이었기에 나는 춘천 YMCA에 동화구연 강좌를 2번이나 신청하고 기다렸다. 그러나 늘 정원미달로 개강조차 되지 못했다. 결국 1년이 지난 후 나는 첫 아이를 임신 중이었지만 춘천에서 새벽 기차를 타고 서울 YMCA로 6개월간을 일주일에 두 번씩 올라 다니며 동화구연을 배웠다. 나중에 동화구연대회에서 입상을 하며 동화구연가로서의 자격을 취득하였다.

아이들에게 동화구연을 듣고 싶다면 먼저 수학문제를 열심히 풀라고 하였다. 이 방법은 나름대로 교육에서 효과를 보았다. 나의 언니가 다섯 살에 한글을 깨쳐 부모님들을 기쁘게 해드렸지만 학년이 올라갈수록 성적이 떨어지는 바람에 나는 내 이름도 떼지 못한 채 학교에 가게되었다. 때문에 나는 매일 나머지 공부를 해야 했다. 매일 나머지 공부를 하니 집에도 매일 늦게 왔다. 이 사실을 안 아버지가 나를 붙잡고 기역, 니은, 디귿을 가르쳤으나 다시 기역을 나에게 물으면 나는 대답하지 못했다고 한다. 아버지는 "우리 집에서 네가 제일 머리가 나빴다"고 하신다. 하지만 현재 우리 집 형제자매 중에서는 내가 가방끈이 가장 길다. 또 대학 다닐 때 장학금을 받은 사람은 나뿐이다.

내가 공부에서 상승곡선을 탄 것은 초등학교 3학년 때부터였다. 시인이셨던 심우천 선생님으로부터 '동그란 안경' 이란 선생님의 시집과 친필 편지를 받고서이다. 우리 반 60여 명 중 8명의 학생이 여름 방학 때 우편을 통해 선생님 선물을 받았는데 그중에 내가 속해 있었으니 나로서는 너무나 큰 행복이었다. 그 선물은 나에게 새로운 시대가 열리는 예고가 되었다.

의욕만으로
자비로 운영한 사회교육원

내가 반달동화사회교육원을 운영하던 때, 여러 곳에서 어떻게 사회교육원 인가를 받았느냐는 문의가 많았다. 나는 그때 사회단체 보조금 등의 국가지원에 대해서는 전혀 아는 바가 없었다. 오로지 의욕만을 앞세워 사비로 사회교육원을 운영하였다. 그래서 나는 경제적 어려움 속에 허덕였다. 특히 3개월마다 강좌 안내지를 돌려야 하는 것이 제일 힘들었다.

그래도 그때 고려대학교 사회교육원에서 사회교육전문가과정(1년 과정)을 수료하여 사회교육전문가 1급 자격을 취득하였고 졸업여행으로 98년 일본의 NHK 방송사문화센터 등 사회교육현장을 둘러볼 수 있는 좋은 경험의 시간을 가질 수 있었다.

구리시라는 작은 도시에서 다양한 층을 대상으로 주1~3회 강좌들을 개설하여 운영하는 이러한 나의 활동들이 지역 언론인 풍양신문에 게재되기도 했다. 신문 보도는 지역의 유지들을 만나는 계기가 되었다. 나는 전직 시의원이었던 안영기님과의 인연으로 '금란회'라는 모임에 유일한 여성으로 참여하게 되었다. 이 모임을 통해 김순경 문화원장님, 신태식 전의원님, 박석윤 의장님, 강예석 회장님 등 요즘 지역사회를 이끌어 나가시는 훌륭하고 좋은 분들과의 인연이 만들어졌다.

1999년 말, 집이 경매로 넘어가게 되면서 사회교육원과 살림집을 합치게 되었다. 저렴한 임대건물이 있어 확장이전을 결정하고 계약하였다. 하지만 내부 시설비가 7천여만 원이나 드는데도 계약기간을 1년밖에 주지 않겠다고 해 결국 계약금만 날리고 다른 공간으로 이주하였다. 그러나 그때 일을 계기로 박영순 시장님과 인연을 갖게 되었다.

확장이전을 홍보하기 위한 행사였던 '반달동화 사회교육원 감사의 밤'에 안영기 전의원님의 배려로 박영순 시장님이 오셔서 축사를 해주셨던 것이다. 그때 박 시장님은 아마 나에 대해 아는 것이 별로 없으신 채 축사를 해주신 것이었지만 이때부터 박영순 시장님과 나의 동행이 시작된 것 같다.

5년 동안 이어진 어린이 뮤지컬 공연

1996년 문을 연 책나라여행은 비록 공간은 작았지만 나의 열정이 한껏 분출된 곳이었다. 이때 구리시립 도서관이었던 교문도서관 양연실 계장님과 함께 어린이 문화운동을 시작하였다. 도서관에 어린이 독서교실이 만들어져 나는 동화구연을 여러 해 진행하며 영어 동화구연 강좌까지 맡게 되었다. 이때 만들어진 '동화사랑회'는 책 읽어주기 활동뿐만 아니라 어린이 동극까지 만들어 연 2회씩 2년 반 동안 모두 5회의 공연을 하기도 했다.

1996년 7월 9일과 10일 모두 4회 어린이 뮤지컬 공연을 하였다. '새들의 노래자랑' 이라는 제목으로 나에게 동화구연을 배운 엄마들과 함께 처음 뮤지컬을 만들었다. 내가 각본을 쓰고 엄마 회원들이 의상을 함께 만들었다. 교문 도서관에서는 연습과 녹음을 도와 주셨다. 첫 공연인 만큼 나는 자비를 들여 브로슈어를 만들기도 했다. 비전문가들이 모여 오로지 아이들만을 위해 한 공연인데 구리시에서는 최초이다 보니 긍정적 평가들이 많이 나왔다. 다음 공연부터는 구리시에서 약간의 무대장식비와 의상비를 지원해 주었기에 5회까지 진행할 수 있었다.

- 96. 7~10월 : 새들의 노래자랑 (5회 공연)
- 97. 4월, 5월 : 쓴약 단약 (8회 공연)
- 97. 9월 : 새들의 노래자랑 (2회 공연)
- 98. 4월: 해님달님 (2회 공연)
- 98. 9월: 뚱보아줌마 (2회 공연)

내가 대학원을 다니고 엄마 회원들의 동화구연 경력이 늘어나면서 수업이 많아짐에 따라 뮤지컬 공연은 5회를 넘기지 못했다. 그러나 큰 어린이집들의 혹평으로 의욕이 상실된 부분도 뮤지컬 공연이 계속되지 못한 한 이유가 된다. 우리는 구리시 전체의 어린이집 원아들을 초대해 공연을 여러 번 하였는데 작은 어린이집들은 너무나 감사해하고 고마워했다. 반면 몇몇 큰 어린이집 원아들을 위한 공연에서는 혹평이 돌았고 이를 전해들은 회원들이 이구동성으로 다음엔 안하겠다는 말이 씨가 되어 그렇게 뮤지컬 공연은 끝이 나고 말았다.

나와 회원들이 자비를 들이면서까지 아이들을 위해 공연을 하며 바랐던 것은 한 마디의 격려였지 않은가? 그래도 다섯 번의 무대 공연을 통해 구리시 어린이문화운동을 펼칠 수 있었다는데 의미를 둘 수 있었다.

"천마산으로 떠나요"
친환경교육운동을 시작하다

구리의제21추진협의회 활동을 하기 시작한 나는 여러 곳의 교육을 통해 환경운동의 시작은 작은 실천부터라는 생각을 갖게 되었다. 그리고 그것은 가족 모두가 함께 해야 한다는 생각이었다.

나는 버스 한 대를 지원받아 '천마산(가족자연사랑체험)으로 떠나요!' 라는 프로그램을 진행하였다. 2000년 10월29일 단풍이 아름답게 물들어 가는 시기에 많은 단풍관광객들이 자연으로 떠날 때 자연을 만끽하는 방법과 우리가 자연에 해야 할 최소한의 도리라는 주제로 여러 가지 프로그램을 만들었다. 가족단위로 접수를 받아 12가족의 신청을 받았다. 천마산에서 다양한 프로그램을 진행한 후 분리수거와 쓰레기 되가져오기 등을 교육하였다.

또 2000년 11월 29~12월 23일에는 제1회 환경사랑 체험학교를 개설하여 환경동요동시 배우기, 태양계 만들기, 시화 및 환경신문 만들기. 인형극반을 진행하여 수료식과 발표회를 진행하였다. 박영순시장님께서 직접 아이들에게 일일이 수료장을 전달해 주셔서 의미가 더해졌다. 2001년 12월의 제2회 환경사랑 체험학교 때는 환경동요, 환경신문만들기, 과학탐구반, 만화반까지 운영하여 12월 24일 시청강당에서 발표회를 진행하였다.

2002년에는 황정주 교장선생님이 계시던 부양초등학교에 구리의제 임은식 사무국장과 함께 어린이 환경지킴이단을 발족시켜 어린이와 환경정화 어머니회원들을 모시고 자원회수 시설 견학 및 광릉 수목원견학, 가평유명산 자연체험활동, 수목 이름 달아주기 등의 프로그램을 만들어 끊임없이 환경 교육 운동을 진행하였다.

부양초등학교 환경부장 선생님과 유순정 선생님은 참으로 번거로운 일임에도 일요일에 아이들을 데리고 자연으로 나가게 되면 교육적으로 필요한 자료준비를 해 오시는 등 늘 함께해 주셨다. 당시 모든 프로그램 운영들이 쉽게 진행된 것은 모두 두 분 선생님의 열정 덕분이라고 생각한다. 이 글을 통해 두 분 선생님께 다시 한 번 감사드린다.

2000년 10월에는 부양초등학교 환경부장 선생님, 유순정 선생님과 환경지킴이단 아이들을 데리고 꽃씨할머니로 유명한 어르신의 사유지(가평 유명산 입구)를 찾아 아이들과 밤 줍기와 자연에서 놀기 프로그램을 진행하였다. 전날에 비가 와 밤이 다 떨어지자 꽃씨 할머니는 모두 주워 놓으셨다가 아침에 우리가 도착하여 다른 프로그램을 진행하는 동안 다시 뿌려 놓으셨다. 맨드라미 잎으로 된장찌개를 끓여 놓으시고 밤도 미리 까놓으셔서 맛있는 밤밥을 먹을 수 있게 해주셨다. 이 꽃씨 할머니는 좋은 일을 참 많이 하신 탓인지 허접한 땅을 사놓으면 금싸라기 땅이 되고, 그것을 다시 사회에 환원하시는 일을 계속하시는 것으로 알고 있다.

할머니는 내가 아이들을 데리고 다닐 때마다 쓰레기가 발생하지 않게 하는 것을 보고 마음에 드신다며 내가 데리고 오는 아이들은 언제나 환영이라고 말씀해 주셨다. 너무나 좋은 환경공간을 우리에게 공짜로 내어주시고 비가 와 싸늘하다고 된장국까지 끓여주시는 수고를 해주셔서 프로그램 기획자로서 난 참 복이 많은 사람이라는 생각을 갖게 해주셨다.

하마터면 무산될 뻔했던 동화축제

2001년 10월 21일 열린 '제1회 구리시 어린이 동화축제'는 구리시 관내 어린이들에게 다양한 체험마당과 볼거리를 제공하고자 만들었다. 우리 아이다에듀 어린이도서관에 근무하는 동화선생님들이 여러 명이다 보니 그들과 함께 동화축제를 개최하기로 한 것. 주변 사람들에게 도움을 청해 연극 공연도 유치하고, 그들에게 다양한 코너를 담당시켰다. 홍보를 위해 제일신문에 요청하여 광고도 충분히 하였다. 많은 사람들이 나를 볼 때마다 "우리 아이 데리고 꼭 갈게요. 애쓰시네요" 등의 인사를 해주었다.

당일 안내지를 만들어 동사무소 유치원 등 곳곳에 배포하고 다닐 때였다. 시청으로부터 갑작스럽게 연락이 왔다. 내일 모레가 행사

날인데 그날 시청광장을 빌려줄 수 없다는 것이었다. 외부 연극 공연은 이미 티켓판매도 거의 다 끝났는데 이걸 어쩌란 말인가? 시청광장 사용허가가 취소된 것은 홍보지에 참가비가 5000원, 10000원 씩이라고 적혀 있었기 때문이었다. 공공장소를 사용할 경우에는 돈을 받고 하는 행사를 할 수 없다는 게 시 담당자의 설명이었다. 참가자들이 참가를 하게 되면 최소한의 재료비가 필요한데 이것조차 받지 말라는 것이 말이 되는가? 결국 경험이 미진했던 나는 안내홍보지에 돈을 적은 것이 큰 실책이 되어 담당자로부터 어쩔 수 없다는 대답만 듣고 돌아왔다.

시에서 10원 한 푼 지원 없이 순수 민간의 힘으로 어린이를 위한 축제를 여는데 소액의 참가비를 받는 것은 당연하다고 생각한다. 또 현장에서는 돈을 받을 수 있을 수 있으나 이를 홍보지에 표기하면 안 된다는 것은 정말 어처구니없는 답변이 아닌가?

하늘이 노랬지만 문제해결이 급선무였기에 나는 담당자를 설득하기 위해 애썼다. 눈물로 사정도 해보았지만 다 안 되어 시장실을 노크했다. 전후사정을 들은 박영순 시장님은 담당자를 불렀고 예정대로 진행될 수 있도록 도와주라고 말씀하셨다. 그런데 담당자가 오히려 완강하였다. 돈 받고 하는 행위에 시의 공간을 내어줄 수 없다는 것이었다. 결국 시장님은 화를 내셨다.

"시에서 못하는 일을 민간에서 하는데 예산지원은 못해줄 망정 방해까지 해서는 안 되지 않나? 내가 책임질 테니 모든 책임은 내게 돌리고 진행하게 해주게."

결국 우여곡절 끝에 제1회 동화축제를 진행하게 되었다. 다양한 체험 부스 외에 이날의 큰 이벤트는 어린 친구들이 동화 속 주인공으로 분장하고 퍼레이드를 하는 것이었다. 다음해부터는 구리의 제로부터 약간의 지원금을 받아 6년여 동안 어린이 환경동화축제를 계속 진행할 수 있었다.

2002년에는 '어린이 이야기 한마당' 잔치를 열었다. 11월 체육관 세미나실에서 한국어, 영어, 일본어, 중국어로 하는 어린이 이야기 잔치 마당을 열었다. 우리나라의 지정학적 위치를 보면 아래로는 일본이 위로는 중국이 존재하기에 난 일찍부터 우리 아이들이 최소한 영어, 일어, 중국어는 기본적으로 해야 한다고 생각하고 우리집 아이들도 7살부터 3개 언어를 모두 가르쳐 오고 있었다. 일본어를 배우는 아이들을 데리고 일본 견학도 다녀오고, 중국어를 배우는 아이들을 데리고 중국여행의 기회를 만들어 왔다.

어린이집 꼬마 손님들이 아이다도서관으로 몰려들다

막내 동생이 느지막이 아들을 두었는데 21개월 된 요녀석이 벌써 스마트폰을 가지고 노래며, 뽀로로 등을 보고 있다. 막내 동생으로부터 가끔씩 걸려오는 전화가 사실은 어린 조카가 막 누르다 걸려오는 전화임을 감지하고 나는 은근히 걱정이 되었다. 어린 조카에게 운다고 스마트폰을 주는 올케에게 자꾸 잔소리를 할 수 없어 어린아이들의 인터넷 중독 피해를 빗대어 말하는 것으로 끝내고 말지만, 나라에서 법으로 초등학교 이하 아이들에게는 스마트폰 소지 금지를 강제해주었으면 하는 바람이다. 스마트폰은 아무리 보아도 득보다는 실이 많을 것 같기 때문이다.

2003년 나의 작은 어린이도서관에서 주로 한 활동은 오전시간 어린이집 원아들을 초대하여 동화이야기를 들려주고 마음껏 책을 주무르며 보게 하는 활동이었다. 특히 구리시 어린이집뿐만 아니라 인근 남양주의 어린이집에서까지 특별활동으로 우리 도서관을 방문해 주었다. 공공도서관은 커서 아이들 관리가 어렵지만 우리는 50여 평의 작은 공간으로 아이들 관리가 용이했기 때문이다. 아이들은 책을 읽어주는 다양한 서비스에 더욱 이곳을 찾았다.

2004년도에는 특히 동화책들을 슬라이드화하여 그림책 영상회를 많이 보여주었다. 늘 책을 선정하여 슬라이드 작업을 하였고 아이들이 흰 벽면속의 영상 속에 빠져 있을 때 우리는 구연으로 책을 보는 재미를 느끼게 하였다.

요즘 젊은 엄마들은 책읽어주는 활동을 힘들어한다는 이야기를 듣는다. 난 아이들을 데리고 친정나들이를 갈 때도 작은 책들을 가방에 넣어가지고 다녔다. 그러나 요즘은 조카들도 모두 스마트폰에 빠져 한 방에 있지만 각자의 스마트폰들만 들여다보고 있다.

수늪사랑회를 만들다

2002년 환경정화위원회에서 만난 몇 분 엄마와 인근에 있는 엄마들과 함께 수늪사랑회를 만들었다. 이 동네 이름을 수누피라고 부르기에 지역 명칭을 딴 것이다. 무엇보다 일요일마다 아이들과 함께 놀이터를 청소하고 간단히 준비해온 음식을 나눠먹는 일이 쏠쏠한 재미를 주었다. 우리는 돈을 거두어 꽃을 사서 놀이터 빈 공간에 심기도 했다. 그런데 며칠 뒤에 놀이터에 놀러간 아이들이 꽃들이 다 없어졌다고 말하는 것이 아닌가? 나가보니 정말 누군가 꽃을 모두 파 가버렸다. 그래서 또 사다가 심곤 했다. 어느 화원인가에는 그런 이야기를 했더니 꽃이 조금 숙성한 거지만 필요하다면 가져가라고 하여 거의 공짜로 꽃을 얻어 심은 적도 있다. 집 앞에 화분을 내놓아 함께 꽃의 아름다움을 나누고자 시도하였지만 어려운 사람들이 모여 사는 곳이라 그런지 꽃이 도둑을 맞고 마는 일이 비일비재하였다. 이후 CCTV가 설치되고 나서는 조금씩 꽃을 도둑맞는 일이 줄어들기는 하였다. 꽃이 없어지자 우리 도서관 선생님이 이렇게 글을 써서 부쳤다. 이 글은 지금도 잊혀 지지 않는다.

"꽃들은 누가 화분을 가져갔는지 압니다. 모두를 위해 꽃 화분을 되돌려 주세요!"

2005년에는 10명의 엄마들이 모여 우선 동네를 시화가 있는 마을로 만들어보자고 하였다. 매주 우리도서관에 모여서 시를 컴퓨터로 인쇄하고 그림을 잘 그리는 엄마가 삽화를 넣어 전단지를 활용해 액자를 만들고 코팅을 하여 동네 아파트 엘리베이터와 아는 상가에 부착해 나가기 시작했다. 재봉을 할 줄 아는 엄마가 있어 현수막 가방도 만들어 동화 축제 때 500원에 팔기도 했다.

수늪사랑회 회원님들과 함께 동네를 청소하고, 방치된 시유지 활용에 대한 제안서를 내어 300만원의 지원금을 받아 쌈지 공원으로 만들기도 하였다. 그때 3기 회장을 맡았던 이영옥 회장은 흙을 고르고 쌈지공원을 조성하는 과정 중에 햇볕에 너무 노출되어 약값이 꽤 들어가기도 했다. 아쉬웠던 점은 둥그런 벤치와 그네를 조성하였는데 그네가 너무 일찍 와 공원이 조성되기도 전에 아이들이 하도 많이 매달리는 바람에 대여섯 번을 수리하면서 결국 공원 안에 들여놓지 못하고 없애야 했던 일이다. 이 쌈지 공원에 장미를 6그루 사다 심어 놓으니 펜스에 장미 넝쿨이 넘쳐 5월이면 장미꽃이 드나드는 이들의 마음을 기쁘게 반겨 주었다. 이때 심어 놓은 앵두나무로 해마다 동네 몇몇 분들이 앵두를 맛본다. 2006년도에 내가 사다 심은 감나무 3그루 중 한 그루가 잘 성장하여 5년 만에 대봉감나무에 꽃이 피고, 열매가 달리는 아름다운 모습을 볼 수도 있었다.

3년째 감이 달려 먹지 않더라도 늦게까지 도심에서 감나무에 감이 달려있는 모습을 보는 낙이 있었다. 어느 날 보니 감이 한 개도 남지 않고 다 없어져 버렸다. 많은 사람들이 감을 따려고 나무를 꺾으려 하기에 주변 어르신과 슈퍼아저씨가 감을 모두 다 따버렸다는 것이다. 작년엔 어르신들이 나에게 5개의 감을 건네주어 맛을 보기도 하였다.

수늪사랑회 회원들과 광주시의 마을 만들기도 견학하며 마을 만들기 시도를 이때부터 시작하였다.

'미래환경을 생각하는 모임'을 만들다

2004년 구리의제21추진협의회의 프로그램으로 환경해설사 수업을 1년 받게 되었다. 나는 함께 공부한 사람들에게 모임의 필요성과 앞으로 환경해설사들의 역할이 많아질 것이라고 피력하며 모임을 결성해 초대 회장을 맡았다.

우리 도서관에서 매주 모여 학습동아리를 진행하였고 새 모이주기 활동들을 하며 회원들을 모시고 지역 환경시설들을 견학하는 프로그램을 진행하였다. 다양한 환경단체들이 모임에 참석하며 미래환경의 이름을 알렸다. 나는 회장으로서 구리시에 환경 센터를 만들어 회원들이 추후 지역사회의 리더로서 일할 수 있는 계기를 만들고자 노력하였다. 그러나 내가 아주 대학교에서 주관한 '여성정치지도자 과정'을 공부하러 다니게 되면서 미래환경모임에서의 내 위치에는 뭔가 제동이 걸리기 시작했다. 난 그들을 내 정치의 어떤 발판으로 삼으려는 의도가 전혀 없었다. 이후에 알게 된 사실이지만, 결국 몇몇 회원들의 오해가 있었다는 점을 알게 되었다. 그러나 난 그때 이미 회원들을 구리의제의 각 분과에 위원으로 모두를 추천하여 넣은 상태였기에 나름의 역할은 모두 하였다고 생각했다.

사실 이때만 해도 우연한 기회에 '정치지도자 과정'을 참여하게 된 것뿐이지, 시의원이나 도의원이 무엇인지조차 알려고도, 되려고도 하지 않았다. 내가 정치인이 된다는 것은 정말 상상도 하지 않았다.

그런데 남성들은 주변인이 정치를 한다고 하면 서로 도와주는데 왜 여성들은 그렇지 않을까? '여성의 적은 여성이다.' 라고 남성들이 하는 말을 "아니다" 하고 강하게 부정하고 싶지만 그때는 이 말이 새삼 실감되기도 하였다.

2006년 5월
도의원에 도전하다

2005년 아주대에서 1년 동안 진행된 여성정치 지도자 과정을 수료했다. 이제는 정당정치 시대이므로 정당에 입당하지 않으면 정치참여가 어렵다고 하여 나는 열린우리당에 입당하였다. 권봉수 의원 등 친분이 있는 사람들의 권유가 있었다.

당시는 열린우리당의 지지율이 워낙 낮은 때였다. 정치적 소신을 펼치기 위해서는 한나라당에 들어가야 한다는 의견이 지배적이었다. 아주대에서 40여 명의 여성들이 강의를 받았는데 이 중 35명이 한나라당에 입당을 하였다. 권 의원의 방을 두드렸을 때, 그는 나의 입당을 일사천리로 처리하였다. 나는 권 의원을 만나자마자 열린우리당 당원이 되었고 그리하여 나의 당 생활이 시작되었다.

이 당시 열린우리당의 지지율이 낮았던 탓에 후보군이 많지 않았다. 나는 얼마 되지 않아 열린우리당 도의원 후보가 되었다. 나는 열심히 선전했다. 하지만 역부족이었다. 2006년 5. 31 선거에서 열린우리당 후보는 경기도의 어느 지역구에서도 도의원으로 당선하지 못했다. 비례대표 몇 명만 의원 배지를 달았을 뿐이었다. 같은 당 후보였던 박영순 시장후보는 한나라당의 공천이 바뀌는 과정에서 한나라당 후보가 안 된 사람이 무소속으로 나와 표가 양분되는 과정 속에서 어렵게 당선이 되었다.

한나라당으로 들어가 비례대표를 받은 사람들 가운데서는 공천 헌금 등의 이야기가 시끄럽게 들리기도 했다. 공천 헌금까지 바치면서 의원을 하고 싶지 않다는 소신을 가진 친구들은 공천을 받지 못한 것 같았다. 후보군들이 너무 한나라당으로 몰려 실제 본선 참여기회를 갖지 못한 사람들도 많았다.

나는 비록 낙선했지만 여성 도의원 후보로 참여했다는 것만으로도 큰 경험이 되었다. 깨끗한 정치, 생활정치를 위해 여성들의 정치참여의 필요성을 알렸다는 측면에서도 의미가 적지 않았다.

45세의 반란?
캐나다로 어학연수를 떠나다

2006년 선거에 한 번 참여를 하고 떨어지니 가는 곳마다 화제의 대상이 되었다. 격려와 아쉬움의 소리를 자꾸 듣게 되자 마음이 안정되지 않았다. 마침 도서관 운영도 점점 지루해지고 뭔가 새로운 시도를 하고 싶은 욕망이 꿈틀 거렸다. 누군가 선거에서 떨어지고 나면 멀쩡한 남편과 이혼하고 사업도 잘 안 된다 하더니 그것이 괜한 이야기가 아니었다.

그러는 와중에 영어 동화 사업을 진행하면서 나는 영어교육에 대한 고민이 생겼다. 사방팔방에서 "영어, 영어" 하였고 우리 도서관에서도 영어 강좌가 여러 개 운영되었다. 나도 원어민 선생을 두고 있었던 만큼 고비용 저효율이 아닌 저비용 고효율로 영어교육을 하고 싶다는 욕심이 들었다. 그러나 내가 영어를 전공하지 않은 탓인지 늘 부족함에 고민하게 되었다.

어느새 큰 아이가 고3 학생이 되었고 작은 아이도 고2였다. 작은 아들은 여자 친구 문제로 학원을 자주 결석하였다. 이러한 상황에서 나는 남편에게 외국어 공부를 하러 떠나고 싶다고 말했다. 남편도 회사가 외국계 회사와 합병되어 영어에 대한 스트레스를 많이 받고 있었다. 그래서인지 자신은 가족의 생계를 책임져야 해 어차피 떠날 수 없다며 나의 도전을 받아 주었다. 문제는 아이들과, 운영하던 사업체였다. 사업체는 동생에게 맡겼다. 고3인 딸아이는 엄마가 있다고 자기가 더 공부를 잘 할 것 같지는 않으니 엄마는 엄마 인생을 살라며 45세 고3수험생 엄마가 어학연수를 떠나는 데 동의하여 주었다. 딸아이는 어려서부터 뭐든지 스스로 잘 하는 아이라 걱정이 없었다. 하지만 연년생인 아들은 다른 환경을 만들어줄 필요가 있어 캐나다에 데려가기로 하고 먼저 캐나다 토론토로 떠났다. 물론 학비와 생활비는 다시는 정치에 참여하지 않겠다는 조건으로 남편이 밀어주기로 했다.

45세의 반란? 그렇게 나는 2008년 10월 캐나다로 향했다. 6개월 과정으로 테솔(TESOL : Teaching English to Speakers of Other Languages) 자격증을 따오겠다는 거창한 계획을 가지고 만학의 유학길에 올랐다.

그러나 아이를 둘이나 낳은 탓인지, 굳어 버린 머리 탓인지, 원래 IQ가 높지 않은 탓인지 아무리해도 머릿속에 영어가 제대로 자리 잡지 못했다. 2주마다 시험을 보아야 해 정말로 매일 3시간씩밖에는 자지 않으며 공부했다. 3개월째는 하이레벨로 들어가야만 계획대로 3개월 코스의 테솔 과정을 배울 수 있는데 나는 시험에 떨어져 한 달간 유급하게 되었다. 나 자신에 대한 실망감 속에 고3 아이를 두고 온 엄마, 남편을 팽개치고 온 아내로서 너무나 부끄러웠다. 실망스러운 나 자신 때문에 매일 매일이 눈물이었다.

남편도 4개월째 접어들자 큰 아이를 챙기며 생활하는 것이 힘들었는지, 내가 힘들어하는 것을 보는 것이 힘들었는지 "포기하고 돌아오라"고 하였다.

인생에서 가장 중요한 것은 한 번도 넘어지지 않는 것이 아니라 넘어졌을 때마다 일어나는 것이라고 누군가 말했듯이 나는 포기라는 것을 용납할 수 없었다. 결국 방법을 찾다가 한 달 과정의 유아테솔이 있는 것을 확인하고 시험을 치렀다. 6개월의 시간으로는 되지 않아 한 달을 연장 받아 결국 유아테솔 자격증을 취득하고 돌아오게 되었다.

칼리지를 변경하여 유아테솔 과정을 공부하였는데 이곳에는 호주를 1년씩 다녀온 사람, 2년씩 캐나다에 머무른 젊은 친구들이 참 많았다. 그곳에서 나는 킨더가든에 실습을 나가고 유아테솔 과정을 거쳐 2등이라는 우수한 성적으로 졸업을 하게 되었다.

캐나다 어학 연수시절에는 잊지 못할 해프닝들이 여러 번 있었다. 첫날, 집에 돌아오는 길에 룸메이트와 길이 엇갈렸다. 전화도 없이 짧은 영어실력으로 물어물어 겨우 집에 돌아왔었다. 산책을 나갔다가 길을 잃어버려 밖에서 5시간 동안 헤매기도 했다. 두 달만 생활비를 보내주면 그 다음에는 알바해서 메우겠다고 했지만 알바를 아예 구하지 못했다. 내가 할 수 있는 일이란 교포식당에서 서빙이나 설거지를 하는 것 밖에 없고 일하고도 돈을 받지 못하는 경우가 많다는 소리에 알바는 일찌감치 접고 공부에만 전념했다. 오후 2시 수업이 끝나면 도서관으로 가서 아이들의 동화책들부터 읽어대고 토요일이면 교회에서 하는 무료 영어강좌를 찾아 영어실력을 쌓으려고 부단히 노력했다.

듣는데 1년, 말하는데 최소 2년은 되어야 한다는 말이 정말 실감되었다. 6개월 과정으로 뭔가를 얻어 가려고 했던 것은 욕심이었다. 나의 환경에서 7개월이라는 외국생활의 호사는 그렇게 끝이 났다.

나는 두 달마다 레벨 업 시험을 통해 반이 바뀌고, 선생님이 바뀌는 시간 속에서 선생님들이 말이 안 통하는 성인학습자들을 어떻게 배려하며 수업하는 지에 대해 배우는 계기도 되었다. 가장 좋은 교육은 칭찬과 격려임을 다시 한 번 깨닫게 되었다.

그곳에서 나는 정말 먹는 것을 줄여가며 억척으로 공부하는 친구들도 보았지만 부모가 보내주는 돈으로 그냥 허송세월하는 친구들도 여럿 보았다. 준비 없이 연수 와서 시간 낭비하는 사람들이 적지 않았다.

우리나라처럼 자기의견을 잘 표현하지 못하는 아이들이 제2 언어를 배우는 데에는 어려움이 참 많아 보였다. 시험을 보는 것은 잘 하는데 말하기는 많이 힘들어 했다. 군대를 다녀오고 복학한 학생들도 입 떼는 것이 나보다 더 힘들어 보였다.

나는 처음 토론토 도서관에 가서 대출카드를 만들고 필요한 부분 복사를 할 때 영어가 잘 들리지 않아 사서의 친절한 설명조차 알아듣지 못했던 점을 기억하며 한국인이나 외국인 친구들이 처음 우리 반에 들어오면 도서관 이용방법부터 가르쳐 주었다. 외국인 홈스테이 집에 머물며 식사가 안 맞아 고생하는 클래스메이트가 아프면, 엄마의 마음으로 김밥도 싸다주고 김치도 만들어 전달해 주었다. 여기서도 나의 오지랖은 여전했던 것이다.

함께하는 생활에 익숙했던 어린 시절

나는 정말 모든 것에 감사를 하며 살고 싶다.

지금의 나를 만들어준 선생님은 초등학교 3학년 시인 담임선생님과 4학년 때 박명희 선생님이었다. 독실한 기독교 신자였던 박 선생님은 우리를 1년 가르친 후, 목사님과 결혼하여 대만으로 선교활동을 떠난 것으로 기억한다. 이분은 우리들에게 참으로 다양한 활동들을 하게 해주셨다. 방과 후에는 우리들에게 연극, 노래, 악기 등을 가르쳐 연말에 군부대를 방문해 공연하는 기회를 갖게 해주셨다.

나는 방송반에 뽑혀 매일 아침 직접 원고를 써 방송을 하였다. 방과 후에는 매일 어린이 신문을 뒤져 다음날 읽을 시와 이야기를 마련했고 아침이면 짧은 아침 방송을 통해 아나운서를 흉내 내어 보기도 했다.

다양한 방법으로 학생들을 지도해주시는 담임선생님을 만나 비록 읍 단위의 작은 학교였지만 체험 위주의 살아 있는 교육을 받았다. 지도해주신 선생님께 감사의 말씀을 올린다.

특히 내가 지금도 글로벌적인 사고를 할 수 있게 만들어준 것은 홍천여중 1학년 때 영어특별반 활동이었다. 비록 4개 반밖에 없었지만 우리 학교에는 '노경태'라는 이름을 가진 외국인 선교사 선생님이 계셔서 영어시간이면 한국인 선생님과 함께 들어와 영어를 가르쳐 주셨다. 요즘은 4~5세 때부터 영어를 배우지만 우리는 중학교에 가서야 A〈B〈C…를 배웠다. 한 반에서 5명씩 20명을 뽑아 오전 자율학습 시간에 우리는 외국인 선생님과 과학실에서 영어 공부를 따로 하였다. 난 영어시간에 손을 자주 들고 발표를 하다 보니 영어 특별반에 뽑혔다. 그렇게 1년여 간 우리는 외국인 선생님과의 특별 수업을 하였다. 1년 뒤에 그분은 떠나 버리셨다.

그때 외국인과 함께 했던 기억이 나에게 이다음에 어른이 되면 비행기 타고 외국에 꼭 가보겠다는 꿈을 하나 더 가지게 만들었다. 2학년 때 영어 선생님은 남자분이셨는데 몸이 안 좋아 거의 매일 자습을 시켰고, 나는 2학년 2학기에 춘천으로 전학을 갔다. 전학 온 학교 영어 시간에는 학습향상을 위해 매일 단어시험을 보고 틀릴 때마다 매를 맞아야 했다. 매로 수업을 진행하는 것이 겁이 나 어쩔 수 없이 공부는 하였지만 그때부터 영어는 정말 끔찍한 과목이 되고 말았다. 중3 때 우리 학교는 전국에서 모의고사 성적이 제일 좋은 학교로 평가를 받기도 했다. 이것이 현재 대한민국의 교육의 현장이라는 것이 슬펐다. 최고의 성적을 내고는 있지만 우리들은 기쁘지 않았다. 학습 효과도 있으면서 즐겁고 신나게 공부할 수는 없는가 하는 효과적인 교육 방법에 대한 갈증은 그때부터 가졌던 것 같다.

내가 홍천여중 학창시절 우리엄마는 문방구 도소매점을 하셨다. 난 1학년 때 8명의 친한 친구들과 '비둘기회'라는 이름으로 모임을 만들었다. 사과 한 개가 있어도 우리 8명이 한 입씩 베어 먹고 친구들로부터 물품을 걷어 어려운 이웃들을 도우러 다녔다. 그때 미술시간이면 나는 필요한 재료들을 친구들에게 주문을 받았고 다음날 엄마가게에서 도매가격으로 가져가 학교에서 소매가격으로 판매한 뒤 그 돈을 모아 기금으로 사용했다.

한 번은 몇 달간 모은 학용품과 옷가지들을 가지고 버스를 갈아타고 고아원을 찾아 나섰는데 고아원이 보이지 않았다. 더운 날씨에 박스는 땀으로 찢기고 배는 고파 미칠 지경이었다. 시골마을의 가게에서 좋은 일 하러 온 우리들을 가상히 여겨 라면만 사면 끓여준다고 하여 라면을 맛나게 먹은 기억이 있다. 그 후 도심으로 이사 온 고아원에 책과 학용품, 옷가지들을 우편으로 보냈다.

한 번은 마지막 수업을 땡땡이 치고 방송국(작은 기지국)을 견학

가서 방송국 on/off 사인이 나오는 작은 방에서 방송인 흉내도 내보며 즐거운 시간을 보냈다. 그러나 우리 친구 중 한명이 주번이었는데 일지를 내고 나오지 않아 담임선생님께 8명 모두 손바닥이 불나도록 맞은 일도 추억으로 남아있다.

이때부터 나는 나 개인 혼자만을 위한 것보다 함께하는 생활에 익숙해진 것 같다. 어릴 적 이런 경험이 쌓여 주변을 둘러보는 눈을 갖게 된 것 같다.

진정 아이들을 위하는 것이란

아이들이 혼자 설 수 있게 해주자

제 자식 귀하지 않은 부모가 이 세상에 어디 있겠는가?

요즘 많은 부모들은 '아이에게 불필요한 고생을 시키고 싶지 않다'고 한다. 심지어 무의식중에 아이 앞에 닥친 곤란과 역경을 부모가 모두 없애려는 듯한 행동을 하기도 한다.

예를 들어 가방이 무겁다고 늘 등 · 하교를 같이 해주는 어머니, 운동화 끈이 풀어지면 스스로 하게 지켜보는 것이 아니라 바로 묶어주는 어머니, 학교에 가져갈 준비물을 사러 문방구로 달려가는 어머니 등…. 그러나 최근에는 아이가 자립하는 것에 부모가 지나치게 도와주면 위험하다는 소리들을 한다.

아이들은 위와 같은 일들을 충분히 스스로 해낼 수 있다. 물론 지켜보자면 시간이 걸리니 답답하고 제대로 못하고 낑낑되니 안쓰러울 것이다. 그러나 자식을 사랑한다면 정말로 걱정스러운 마음을 꾹 참아야 한다. 대신 옆에서 즐거운 분위기로 격려의 말이나 칭찬의 말을 계속 걸어 주어 아이가 초조하지 않게 일을 해 낼 수 있게 만들어주어야 한다. 절대로 부모가 초조해하거나 불안해하면 안 된다. 우리는 아이들을 사랑한다. 그 사랑의 힘으로 아이들이 꿈과 희망, 목표를 가질 수 있도록 강한 의지를 키워주고 스스로 해낼 수 있는 환경을 만들어 주어야 한다. 아이들이 어느 정도 성장하면 부모가 대행자가 될 수 없기에 우리들은 함께 살아가는 삶의 코치로서 잘 이끌어주어야 한다고 생각한다.

우리 모두 맛있는 밥을 먹게 할 '무료급식'

얼마 전 학교 엄마들과의 모임에서 이번 지방선거에 나올 것이라고 말하며 지지를 부탁했을 때, 그 중 한 어머니가 "왜 살만한 사람까지 무료급식을 하며 세금을 축내냐?"며 약간 날 세운 질문을 해온 적이 있다.

그 어머니의 말처럼 우리는 왜 무료 급식을 해야 할까?

그렇다면 반대로 살만한 사람의 기준을 어디로 해야 할까? 연봉

1억 원을 받는 사람은 살만한 사람으로 분류하여 무료급식에서 제외한다면 아마도 무료급식 하는 아이들은 반에서 특별히 잘 사는 아이로 또 다른 계급층이 생기는 것은 아닐까 싶다. 우리 아빠는 연봉 9천만 원인데 왜 우리 아빤 1억을 못 벌까? 하는 아이들이 생기지 않을까 싶다. 현재까지의 소수의 저소득대상자들이 느꼈던 감정들을 대다수의 아이들이 느껴야 하는 경우가 생기지 않을까 싶다.

요즘 급식과 관련한 많은 글들이 있다. 학생들은 지루한 하루의 일과 중 점심시간을 무척 기다리며, 오늘 점심은 무엇일까 기대를 듬뿍 안고 학교에 가게 된다. 특히 요즘 고등학생들은 점심뿐 아니라 저녁까지도 그렇게 학교 급식으로 해결한다. 밥은 이제 맛뿐 아니라 기다림의 즐거움까지 주니 참 소중한 게 아닐까 싶다.

일선에서 느끼기에 물질적 지원만이 아니라 학생의 마음까지 따뜻하게 감싸는 정신적 지원도 함께 이루어져야 완전한 복지혜택이라고 볼 수 있다. 복지정책의 초점은 가진 자가 아니라 가지지 못한 자이다. 무료급식 아동이 사회로부터 낙인이 되었다는 느낌을 받아서는 안 된다. 밥은 생존의 문제이고, 밥을 나의 부모가 아닌 국가가 책임져준다고 할 때 아이들이 받는 상처는 얼마나 크겠는가?

아이들은 급식비 미납자로 이름이 불리지 않고, 편안하고 순수한 마음으로 함께 어울려야한다. 학교 교사들의 업무도 경감하고, 생존의 문제인 밥을 가지고 더 이상의 정치적 해석논의 없이 모두가 한 마음으로 만들어가야 할 것이다.

고 박완서 선생님의 추모식

토평성당에서 고 박완서 선생님의 추모식(2010.01.25)이 있었다. 그 분은 토평성당의 신자였고, 화려한 그의 업적과는 어울리지 않게 조용히 장례절차를 당부하셨다. 많은 문인들과 이웃들이 그가 가시는 길을 축복하고 아쉬운 마음을 달래려는 듯 미사 보는 동안 여기저기서 작은 흐느낌들이 있었다.

나 또한 4~5년 전 '거실을 서재로'행사에서 만나 함께 사진도 찍고 짧으나마 인사를 나눴었다. 그의 강연에 몇 번 참석한 인연과 선생님이 구리시의 하늘 아래서 함께 호흡한다는 사실만으로도 내겐 기쁨이었다.

내가 아는 사람이 유명인이라는 사실, 아니 유명인을 떠나 그 분은 불혹의 나이에 문학의 세계에 등단하셨고, 자신의 아픔과 고통을 아름다운 글로 풀어내어 많은 이들에게 희망을 주고 독서의 기쁨을 맛보게 해주셨다고 생각한다.

평소 눈물이 많은 나이기에 미사를 드리는 동안 많은 기도문과 고인의 마지막을 달래는 문인과 이해인 수녀님의 글들이 더 많은 아쉬움을 남기게 했다.

시골 아낙의 풋풋한 웃음의 영정사진을 마지막으로 영구차에 실고 떠나는 길에 유인촌 문화부장관의 모습도 보였고, 구리의 아름다운 이웃들과 함께 문학의 큰 별이 떨어진 아쉬움을 애통해 하며 떠나는 고 박완서 선생님의 명복을 빌며 돌아왔다.

선생님! 편안히 영면하소서!

겨우 눈물로 아픔을 같이 합니다

천안함 참사(2010.3.26)가 발생한 지도 벌써 열흘이 넘은 것 같다. 아직도 신문기사에는 다양한 추측들만 난무하고, 이제는 실종자들의 생존가능성을 거의 포기할 수준에 이르렀다. 이러한 과정에서 급한 마음에 본인의 몸을 돌보지 않고 생존자를 찾아내겠다는 열망이 또 한사람의 군인(한주호 준위)을 죽음에 이르게 했고 구조작업을 돕던 민간인 어선의 침몰로 또 9명의 실종자가 발생하게 되었다.

내 남편, 내 자식을 구하겠다고 또 다른 죽음을 불러오는 이런 상황에서 천안함 장병들의 가족은 정말 뼈저린 결단을 해야 했다. 희망의 끈을 놓은 채 남편의 죽음을, 아들의 죽음을 받아들여야 한다는 소식을 접하며 줄줄 흐르는 눈물을 멈출 수 없었다. 아마도 군대에 자식을 보낸 많은 이들이 나와 같을 것이라 생각된다.

남의 일이라고 볼 수 없는 일, 우리는 모두 사랑하는 아들들을 군대에 보내야 하는 상황에 놓여있는 나라의 국민들이다. 잘난 놈, 높은 놈들은 자식들의 군 입대를 수단과 방법을 가리지 않고 피하려 하고 있고, 거짓 진단서로 군대를 회피하려 한다.

30여 년간 공무원을 지낸 우리 아버지는 남동생을 군대에 보내기 위해 빽을 썼다. 국가에 대한 국민의 의무라고. 하지만 동생은 '불치병(시력)'이란 병력으로 훈련소에 간 지 일주일도 되지 않아 되돌아와 결국 방위로 군복무를 마쳤다.

군사작전은 모르지만 현 정부 들어 동 · 서 · 남해에 분산 배치되어 있던 '기뢰 탐색함'을 진해에 집결시킨 것으로 인해 실종자 구조에 중요한 시간을 허비했다는 기사를 읽고 너무 화가 난다. 기뢰 탐색함(소해함)이 진해에서 천안함 사고해역까지 오는데 이틀이나 걸려 실종자들의 구조에 결정적인 시간을 허비했다는 사실에 현 정부의 어리석음을 질타하고 싶다.

우리는 모두 기도하고 있다. 이제 그들의 생존을 기대하지는 못하지만 이러한 일이 제발 다시 발생하지 않게 사고원인 규명이 확실히 되고, 이러한 상황을 바탕으로 위기대처 능력을 키워줄 것을 바란다. 정말로 실종자 가족들의 가슴 저린 아픔을 겨우 눈물로 밖에 함께 하지 못하는 무능력을 한탄해 본다.

다시 정치판에 발을 디디다

2009년 5월 나는 한국에 돌아왔고 유학원을 하려고 준비하고 있었다. 어느 날, 지인으로부터 전화가 걸려왔다. 다시 정치를 하라는 것이었다. 여성후보들이 많지 않고 생활정치를 하기위해서는 여성들의 정치 참여가 필요하다는 논리였다. 나는 남편과의 약속도 있고 그냥 거절하지도 못해 "그럼 어디 용한 데 두 곳만 물어 보시고 당선된다고 하면 그때 다시 말씀해 주세요! 그때 생각해 볼게요." 하며 웃음으로 넘겼다.

그런데 얼마 후 다시 콜이 왔다. 정말 확실하게 당선되니 참여해 달라는 것이었다. 민주당에 선거 참여 의지를 나타내자 안승남씨가 "꼭 도의원이어야 하느냐"고 물었다. 내가 하지 않겠다고 하여 자신이 일찍부터 준비를 하였다는 것이었다. 사실 느지막이 참여 의사를 밝혔기에 미안한 마음도 있고 하여 시의원으로 생각을 해보게 되었다.

남편은 동의하지 않았다. 여러 과정을 거쳐 비례대표를 제의 받았다. 나중에 남편의 지원 아래 결국 2010년 6.4 지방선거에 다시 참여하게 되었다. 그러나 선거를 치르고 보니 비례나 지역구나 선거비용은 거의 비슷하게 든다는 점을 알게 되었고, 특히 젊은 여성들의 정치 참여가 아직도 쉽지 않다는 것을 실감하게 되었다.

과연 제대로 된 정보를 갖고 말하는가?

오늘은 천안함 희생자 장례식을 치르는 날(2010년 4월 29일)이다.

이른 아침부터 바쁘게 여러 후보들을 지원하러 다녔다. 그러던 중 천안함 희생자 분양소에 민주당 사람들이 보이지 않는다는 불평들이 돈다는 말이 들려, 나라도 민주당에 대한 서운함을 달래주고자 오후 2시부터 오후 6시 거의 철거할 때까지 그곳에 남아 오랫동안 수고하신 분들, 향군회 회장님, 향군회 여성회장님과 회원님들 그리고 한나라 당원(비례후보자와 적극 지지자)과 많은 이야기를 나누며 토론 아닌 토론의 장을 펼치기도 했다.

난 항상 무슨 말인가를 할 때는 '과연 내가 제대로 된 정보를 갖고 말하는가?' 하는 의구심이 들어 쉽게 누군가를 평가절하 하는 행위를 하지 못한다. 그런데 참으로 많은 사람들은 완전히 자신의 관점에서 일방적으로 상대방을 몰아세우며 깎아내린다.

물론 아무것도 모르는 사람들은 그 사람의 말을 듣고, 게다가 없는 살을 붙여 더 엉뚱한 말을 만들어내며 소위 나쁜 소문을 만들어내게 된다. 난 그 시간 말도 안 되는 소리들을 뱉어낸 것에 대한 오해를 풀어주려 좋은 말로 이해를 구할 수 있게 변명과 사실들을 말하며 목소리 큰 놈의 말만 듣는 것을 어떻게든 막아보려 노력했다. 많은 시간을 투자했지만 과연 내가 한 말들이 그들에게 조금이라도 오해에서 이해까지는 못 갔더라도 오해를 풀어주었기를 바라지만 모르겠다.

난 솔직히 막무가내로 말을 해대는 사람이 너무너무 싫고 무섭다. 차라리 안 만나고 싶지만 그래도 오늘 난 내 자신에게 잘했다, 수고했다고 말해주고 싶다. 우리 쪽 성향을 가지고 우리당을 지지하던 지지자가 어떤 서운함 때문인지 4년 전에는 우리당 후보가 최고라고 하다가 어떻게 4년 후에는 경쟁자가 최고라며 그리 쉽게 말을 바꿀 수 있단 말인가? 내 비록 그들을 설득시켜 나의 편을 만들지는 못했지만 최소한 그런 행위가 결코 옳지 않음을 자신 있게 인지시켰고, 내 선택에 대한 책임을 지고 더 잘하게 만들지 못한 부분을 부끄러워 할 줄 아는 사람들이 되면 좋겠다고 생각해본다.

오늘 이런 모습에서 나는 또 하나를 배워본다. 나를 좋게 평가해

주는 많은 분들께 누를 끼쳐서는 절대 안 된다는 생각이다. 만일 내가 뭔가를 잘못한다면 반드시 옆에서 올바르게 행동하게 할 수 있도록 일깨워 주시기를 바란다.

민주당은 달라야 한다

다가오는 6.2 지방선거에 많은 후보들이 참여하여 지역발전을 위해 한 몫을 해보겠다고 열심이다. 나 또한 그러한 사람들 중 하나이다. 나는 2006년에는 열린우리당의 구리시 2선거구 도의원후보로 지역구에 출마하여 열심히 뛰었지만 거세게 밀려오는 파란 바람을 이겨내지를 못했다. 아직까지 정치현장은 여성이 쉽게 발을 내디딜 만큼 문이 열려 있지 않다. 잡놈이 되어야만 할 수 있다는 정치판, 그러면서 잡년이 될 수 있냐는 정치선배들의 질문에 잡년이란 말에 얼굴이 상기되는 내 자신에 좀 더 철면피가 되어야하는데 그보다 더 험한 꼴도 이겨낼 수 있어야하는데 하는 복잡한 맘이 든다.

4년 전 내가 정치에 입문할 때만 하더라도 지방정치는 생활정치이기에 여성들의 섬세한 손길이 필요하고 여성들의 꼼꼼함이 필요하다고 하며 여성스스로 많이 정치에 참여해주기를 바라는 분위기를 만들어 주었고 사회적 분위기가 어려운 결정을 하여 앞으로 나아갈 수 있게 도와주었다. 그러나 올해는 다른 것 같다. 어느 순간 여성에게 1번 순위를 내어주는 것을 강제의무 사항이 아닌 권고사항 정도로 만들었다는 것에 아쉬움이 많다.

지난 선거 때 시의원 비례직 출마를 위한 서류를 접수시키고 만났던 여성들을 다시 만나면서 왜 지역구로 안 나오고, 비례로 나오냐는 질책에 사실 할 말이 없다. 가시밭길이라도 누군가가 자꾸 밟다 보면 길이 생길 것이라 생각하며 가시밭길을 먼저 밟아주는 사람이 되겠다고 했지만 현실은…. 완강하게 반대하는 남편과 매일 불편한 관계가 되고 싶지 않았고, 나 또한 꿈이 있기에 남편 도움이 덜 필요한 부분을 선택 할 수밖에 없었다고 변명을 해본다.

남편은 정치판이란 곳을 아주 평가절하 한다. 아니 정치인들을 모두 싸잡아 좋지 않게 보기에 나또한 그런 부류가 되는 것이 싫은 것이리라. 하지만 나는 바꿔 보고 싶다. 불의와 타협하지 않으며 정말로 시민들을 위한 일만을 하는 모습을 보여주고 싶다.

다가오는 6.2 지방선거에서 시민들로부터, 많은 이들의 부정적 이미지의 정치판을 최소한 존경까지는 아니더라도 손가락질 받지 않는 정치인이 되어 보고 싶다. 특히 우리 구리시에서 만큼은 우리 민주당이 진정한 생활정치의 실현, 양성평등에 앞장서는 모습을 통해 민주개혁을 앞당겨 국민들에게 인정받고 새로운 정치문화를 선도하여 시민들의 삶의 질을 높이는 모습을 만들어 가는데 초석이 되고자 하는 간절한 열망을 가져본다. (2010.4.05)

돈이 없어도 베풀 수 있는 일곱 가지

5월은 가정의 달이다. 어버이날을 맞이해 요 며칠간 참으로 바쁘게 행사장을 쫓아 다녔다. 많은 어르신들 가슴에 빨간 카네이션을 달아드리며 멀리 계신 내 부모님께 직접 꽃을 달아드리지 못하는 아쉬움을 대신 했다.

이른 아침 부모님께 용돈을 부치고 전화를 드렸다. 또 학교 때문에 지방에 가 있는 아들로부터 낳아주시고 길러주심에 감사하다는 문자를 받고, 졸업반이라 스펙 쌓느라 꼭두새벽부터 학원에 나가는 딸이 차려준 아침 밥상도 받았다.

난 언제쯤 우리 엄마, 아버지처럼 진정한 어버이가 될 수 있을까 생각하며 오늘 하루 우리 부모님뿐만 아니라 이 세상의 모든 부모들이 아이들의 작은 배려에 행복이 가득 하시길 기원해본다.

남편은 가족 구성원 4명 중 3명의 생일이 5월에 들어있고, 어버이날, 어린이날 등등 지출이 많은 5월이라 힘들다는 애교 섞인 푸념도 늘어놓지만 참으로 화창한 날씨며, 거리 곳곳의 활짝 핀 도로변의 꽃들과 싱그러운 나뭇잎들이 있어 더더욱 행복할 수 있는 5월이다.

또한 5월에는 부처님 오신 날이 들어 있어 더욱 많은 생각을 해볼 수 있는 시간이 된다. 우리가 살면서 돈이라는 재화 때문에 참으로 곤란하고 힘들어질 때가 종종 있다. 가진 게 없어 남에게 줄 게 없으니 되는 일도 없고 불행하다는 중생의 하소연에 부처님께서는 아무런 재산이 없더라도 남에게 베풀 수 있는 일곱 가지가 있다고 설법하셨다.

잡보장경[雜寶藏經]이라는 불경에는 가진 게 없는 사람일지라도 남에게 베풀 수 있는 일곱 가지는 가지고 있다는 교훈이 있는데 바로 '무재칠시(無財七施)'이다.

첫째는 화안시[花顔施]

얼굴에 화색을 띠고 부드럽고 정다운 얼굴로 남을 대하는 것을 말한다. "미소"가 이에 해당된다.

둘째는 언시[言施]

공손하고 아름다운 말로 남을 대하는 것을 말한다.

감사의 말, 칭찬의 말, 위로의 말, 격려의 말, 양보의 말, 부드러운 말 등이 이에 해당한다.

셋째는 심시[心施]
착하고 어진 마음과 따뜻한 마음으로 마음의 문을 열고 다른 사람을 대하는 것을 말한다.

넷째는 안시[眼施]
부드럽고 온화한 눈빛을 가지고 호의를 담은 눈으로 남을 대하는 것을 말한다.

다섯째는 신시[身施]
몸으로 때우는 것 몸으로 남을 돕는 것을 말한다. [보시]

여섯째는 좌시[坐施]
다른 사람들에게 자리를 양보하는 것을 말한다.
전철이나 버스를 탔을 때 노약자에게 자리를 양보하는 것이 이에 해당한다.

일곱째는 찰시[察施]
굳이 묻지 않고 상대의 속을 헤아려 알아서 도와주는 것을 말한다.

우리가 이 일곱 가지를 몸소 행하여 습관이 되면 행운이 따른다고 한다. 특히 어떤 특정한 날을 재화나 재물로만 생각하는 우리 청소년들이 한 번쯤 생각해 보는 시간이 되었으면 좋겠다.

돈 한 푼 들이지 않고도 부모님이나 주변 친구, 어르신들에게 큰 선물을 할 수 있다는 것, 또한 이런 행동이 사회를 밝게 하고 행하는 자신을 행복하게 만들어준다니 이번 5월을 맞아 우리 모두 '무재칠시(無財七施)'를 생활화 해보면 어떨까?

Ⅱ

어느덧 4년 … 시민들과 소통하며 울고웃다

2010년 6월 선거에 당선이 되어 7월부터 의정활동을 시작하게 되었다.
시의원이 되어 일을 추진하면서 어렵게만 여겨졌던 일들에
정성을 쏟으니 문제들을 하나하나 풀어갈 수 있었다.

Ⅱ

내가 시의원이 되기 전과 후

어린이의 안전은 어른의 책임

2010년 6월 선거에 당선이 되어 7월부터 의정활동을 시작하게 되었다. 그런데 이때 한 지인이 축하인사와 함께 수택2동의 숙원이라며 민원 한 가지를 말씀하셨다. 그 지역의 좁은 이면도로에서 한 아이가 차에 치어 죽었다며 그 곳에 아이들이 안전하게 통학할 수 있도록 안전통학로를 반드시 설치해달라는 것이었다. 참고로 이분은 경기도의회 의장을 지내신 후 시장선거에 출마하셨다가 낙마하신 분의 선거를 도와주었던 분이다.

이 말을 들은 나는 기분이 좋지 않았다. 그 자신이 지난 4년간 도의회 의장님을 모시고 있었던 만큼 그 기간 중 자기가 충분히 해결할 수 있는 일이었을 텐데 이제 갓 배지를 단 초선 비례의원에게 너무 무리한 주문을 하는 것 아닌가, '네가 얼마나 잘하는지 두고 보겠다'는 심보가 아닌가 하는 생각에서였다.

지인이 민원을 제기한 곳은 좁은 이면도로인데도 늘 많은 차량들이 주차하고 있어 따로 아이들의 통학로가 확보되지 않는 곳이었다. 등 · 하교 때에는 늘 차와 아이들이 섞여 곡예를 하듯 함께 흘러가곤 했다. 사실 나도 지난 2006년 도의원 선거 낙선이후 시의원들에게 이 문제를 해결해달라고 간곡히 요구했었다. 그 길에 화분을 가져다 놓으면 주차를 할 수 없게 되니 시에 말해서 화분을 만들어달라고 하면 될 것이라고 해법까지 제시했었다. 그러나 이 문제는 그 동안 전혀 해결되지 않고 있었다.

내가 막상 시의원이 되어 일을 추진하다보니 안 되는 일이 아니었다. 다만 그동안 어느 누구도 제대로 신경을 쓰지 않았기 때문에 문제가 해결되지 않았던 것이다. 당시 시의원을 지낸 분들에 대한 실망감을 감출 수 없었다.

문제의 이면도로에서 사고가 난 것은 내가 시의원에 당선된 2010년을 기준으로 5년 전이었다. 나이 어린 저학년 어린이가 등굣길에 좁은 차들 사이를 지나려다가 이삿짐 차에 끼여 목숨을 잃었는데 당시 나는 덮개가 씌워진 아이의 시체를 보았기에 어떻게든 문제를 해결하려고 건설과 공무원들과 자주 이야기를 나눴다. 다행히 당시 시 건설과를 맡고 있던 강성희 과장님과 이신엽 국장님이 우선 접촉사고를 줄이자며 반사경과 볼라드 설치에 합의해 주셨다.

〈시의원이 되기 전〉 아이들의 통학로가 확보되지 않은 도로의 모습.

〈시의원이 된 후〉 볼라드 설치로 차량 통행이 많아도 안전한 통학로가 형성되었다.

그런데 다음날 퇴근길에 가보니 도로 한편에 달랑 3개의 볼라드만 박혀져 있는 것이었다. 왜 3개만 박았지 의아해 하며 알아보니 주차공간 부족을 이유로 인근 상가에서 반대 민원을 제기해 볼라드를 박다가 멈추고 말았다는 것이다. 동네 주민들도 의아했는지 내게 문의해 왔고 전후 사정을 설명해주자 아이들의 통학로를 만들어 주자는 주민들의 서명운동이 시작되었다. 이 서명운동은 학교 어머니회와 인근 아파트 총무님들이 중심이 되었는데 주민 서명을 받은 후 시에 제출해 볼라드 공사의 재개를 주문했다. 이와 함께 주민들은 인근 부동산 업소들을 대상으로 낮 시간에는 아파트 주차장에 주차하도록 유도했다.

이 같은 노력의 결과, 공사를 할 수 없었던 겨울이 지나고 결국 다음해 볼라드 설치가 완료되었다. 이면도로를 따라 걷던 아이들이 차가 지나가면 볼라드 경계 안으로 들어가 통행하는 방식으로 안전한 등굣길이 만들어 지게 된 것이었다. 아직도 가끔씩은 얌체 운전자들이 불법으로 주차를 하곤 하지만 차가 교행할 경우 아이들이 안전하게 볼라드 경계 안으로 들어가는 모습을 보며 작은 변화를 통해 안전생활을 이끌어냈음에 보람을 느낀다. 이것이 바로 일할 수 있는 자리의 힘이 아닌가. (2010.10 ~ 2011.3)

나의 작은 실천이 시민들 모두의 큰 기쁨이 될 줄이야

경로당에 PC지원 … KT로부터 인터넷 무상 체결

나는 시간이 날 때마다 경로당을 자주 찾는다. 이 자리에서 어르신들에게 재활용과 분리수거의 체계에 대해 말씀드리곤 한다. 그런데 어느 날, 한 경로당을 방문하였더니 어느 어르신이 컴퓨터를 한 대 구해달라고 하시는 것이 아닌가.

사실 내가 캐나다로 어학연수를 갔을 때, 72세였던 친정어머니께서는 나에게 이메일을 보내고 채팅을 하기 위해 컴퓨터를 배우셨다. 나는 딸과의 연락을 위해 열심히 컴퓨터를 배우셨던 친정어머니 생각이 나서 어르신의 말씀이 떨어지자마자 시에서 사용하다가 내구연한이 지나 폐기한 PC를 수리해 전달해 드렸다. 이후 이 일에 대한 소문이 퍼졌는지 여기저기서 구해달라는 민원이 들어왔다.

나는 구리시 경로당 120여 곳을 대상으로 PC를 보유한 곳과 그렇지 않은 곳을 조사하였다. 그 결과 51개의 경로당에 컴퓨터가 필요한 것으로 나타났다. 나는 시를 대상으로 활용 가능한 PC를 조사해 5월 20일부터 7월 12일까지 순차적으로 PC를 공급키로 계획을 세우고 경로당에 알려드렸다.

그런데 인터넷 사용료가 문제였다. 그래서 나는 KT지사장을 만나 이 문제를 해결해달라고 직접 건의하였다. 수량이 많다보니 중간에 어려움이 있었지만 결국 2년간 무료로 인터넷을 지원해 주시겠다는 약속을 받아낼 수 있었다.

마지막으로 어르신들을 대상으로 한 PC교육은 자원봉사센터에 등록한 청소년들의 도움으로 해결하였다. 이를 통해 할아버지 할머니와 청소년들이 함께 하는 소중한 시간을 만들었다는 점에서 마음은 더욱 뿌듯하였다. 지금 몇몇 어르신들은 무료 컴퓨터 교실을 수강하신 후 동영상까지 제작해 가끔씩 내게 메일로 보내주고 계신다. 메일을 받을 때 기쁨이란 이루 표현할 수 없다. (2013.6.4)

어르신 발 마사지 봉사

나는 공직자를 대상으로 하는 2주간의 집중 교육을 통해 발 마사지 1급 자격증을 취득하였다. 발 마사지 봉사단 단원으로 월 2~3

발맛사지 자격증 취득

회 경로당을 순회하며 어르신들에게 발 마사지를 해드리고 있다. 유채꽃축제, 코스모스축제장에서도 1일 봉사를 하며 공직자들과 함께 구리시의 효 확산 운동을 벌이고 있다.

나는 여성의원의 시각으로 어르신들의 복지를 위한 다양한 정책을 제안하고 있는데 이는 수시로 경로당을 방문해 어르신들과 대화하며 그 분들의 애로사항에 귀를 기울여 왔기 때문이다. 매월 한번은 민주당원으로 구성된 소나무봉사회와 함께 인창무료경로식당에서 300여명의 식사를 준비하고 정리를 돕고 있고 2개월에 한 번씩은 교회에서 제공하는 토요 무료급식 봉사를 하고 있다. 지역의 자원을 연계하여 쌀, 고깃국 등 정성이 담긴 식사를 제공하면서 '함께하는 삶의 가치'를 느끼고 있다. (2013.3 ~ 현재)

저소득 가정 아동들이 자궁경부암 예방할 수 있도록

자궁경부암은 여성들이 많이 걸리는 병이지만 초경이 시작된 후 예방을 하게 되면 충분히 예방할 수 있다. 그러나 저소득 가정 아동의 경우 개인 부담금이 부담스러워 시기를 놓치는 경우가 허다하다. 그래서 나는 구리시와 한양대, 흥농의료지원재단과 함께 저소득층 가정 아동을 대상으로 하는 자궁경부암 예방사업에 실질적으로 도움을 주고자 했다. 지역아동센터의 5~6학년 아동을 대상으로 하는 이 사업은 그러나 전체 비용 중 1회 3만원의 개인부담에 대한 어려움으로 신청자가 적었다. 3회를 예방접종해야 하는 사업이기에 개인부담금에 대한 부담을 줄일 수 있도록 지역사회 단체의 지원 연계를 이끌어냈다.

지역 여성 단체인 강원도여성회(2011년)와 세계평화여성포럼(2012년)의 지원을 받아 관내 지역아동센터 50여 명의 학생들에게 자궁경부암 예방접종을 실시했다. (2011.10, 2012.9)

성범죄 없는 우리 동네를 위하여

어린이 대상 성범죄 발생 빈도가 높아지면서 부모들의 아이 돌봄에 빨간불이 켜진 것은 당연한 일이다. 지역 내 우범지역 등의 민원을 받으면서 각급 학교와 사회단체를 연계하여 해결방안을 모색

하는 토론회를 개최하였다. 학부모와 청소년 관련 상담단체의 전문가들을 초빙하여 문제점을 제시하고 해결방안을 생각하는 토론회를 의회 내에서 5회 실시하였다.

나는 도와주는 사람 없이 직접 전문가와 접촉하고 참석자들을 일일이 챙겼다. 간담회 때마다 동료의원들을 초빙했으나 대부분 인사 정도만 하고 나가 실질적으로 학부모들의 이야기를 깊이 듣지 못하는 아쉬움이 있었다. 하지만 지역별 문제점들을 찾아 민원사항들을 해결할 수 있는 기회가 되었다. 의회라는 곳을 처음 방문한 시민들은 새로운 시도에 고마워했다. (2010.11)

캄보디아 뽀얀이 수술비 마련 위해

국력이 향상되면서 우리나라는 원조를 받던 국가에서 원조를 주는 국가로 변모하였다. 우리나라는 형편이 어려운 아시아 국가들 곳곳에서 의료사업을 진행하고 있다. 관내에서도 한양대병원에서 캄보디아의 척추 측만증 환자인 뽀얀이의 수술을 하고자 했다. 그러나 뽀얀이의 상태가 생각보다 심각했다.

한양대 사회복지사의 요청으로 우리는 후원금 모집 공연을 기획하였다. 지역의 많은 단체와 재능기부자들의 노력으로 뽀얀이는 수술을 무사히 마쳤다. 재수술을 한 번 더 받으러 온 후 뽀얀이는 건강하게 캄보디아로 돌아갔다.

후원금 모금을 위해 주변의 많은 지인들이 도와주었다. 특히 캄보디아 유학생들이 캄보디아춤 공연 등을 통해 자국의 아이를 돕는데 동참하였다. 많은 사람들이 후원활동을 하는 것을 보고 캄보디아 유학생들도 한국에 대해 좋은 이미지를 갖게 되었으리라 생각한다. (2011.4)

필리핀 자매결연도시인 깔람바시에서 의료봉사

필리핀 깔람바시는 우리 시와 자매결연도시다. 2012년 그곳을 공식 방문했을 때 그들의 어려운 삶의 현장을 보고 난 후 뭔가 그들을 돕고 싶다는 생각을 하게 되었다.

나는 깔람바시를 대상으로 하는 민관 합동의료봉사가 있다는 소식을 듣고 다른 연수를 가는 대신 의료봉사활동에 지원하였다. 비록 전문 기술이 없어 큰 도움이 되지는 못했겠지만 방문 시기가 겨울이어서 개인적으로 털모자를 준비해 어린 영아들에게 선물했다. 치아가 많이 상해있는 어른과 아이들에게는 불소도포와 올바른 양치질 방법을 알려 주었다. (2013.1.21~25)

대학이 우리 아이들을 신불자로 만들어서는 안 된다!

많은 학생들이 대학을 목표로 공부를 하지만 막상 대학에 들어가면 비싼 대학등록금으로 인해 어려움을 겪는다. 부모들의 허리는 휘고, 학생 자신은 알바를 하며 공부를 하다 보니 공부에 전념하지 못하는 경우가 생긴다.

더욱이 졸업 후에는 대출받은 학자금을 갚다가 신용불량자로 전락하게 되는 악순환이 이어지는 것이 현실이다. 그런 만큼 반값 등록금은 사회적으로 풀어야 할 과제다. 이에 반값 등록금 강연회를 개최하고, 반값 등록금 실현을 위한 거리 캠페인을 실시하였다. (2011.8)

여성을 위한 정책이 모두를 위한 정책이었다

여성 워킹맘 사업 제안 … 여성회관 내 박스숍 설치 운영

관내에는 여성단체들이 많이 있지만 대부분 관변단체성격의 봉사단체들이다. 여성들의 권익향상을 위한 활동은 거의 없는 상황이었다. YWCA나 의정지킴이 같은 활동도 없었다. 그래서 나는 여성들의 사회참여를 독려하고 삶의 질 향상을 위해 女友평강포럼을 결성하였다,

매월 모임에서는 지역 내의 여러 여성들을 강사로 초빙해 다양한 주제의 포럼을 실시해오고 있다. 특히 '배우고, 자라고, 나누자'는 선언을 통해 매월 다양한 주제의 논의를 펼치고 있다. 나 자신을 성장시켜 내가 배운 것을 나눌 수 있는 시스템을 만들고자 노력하였

다.

2013년에는 회원들에게 협동조합의 필요성을 교육하고 타 단체를 통해 협동조합 관련 교육을 이수하게 하였다. 또한 '박스숍'이라는 여성창업 인큐베이팅 공간을 여성회관내에 만들고 관리자를 두어 여성들이 취미로 배운 여러 가지 활동들을 경제적 활동까지 연계할 수 있도록 쇼케이스를 만들어 관리 운영하고 있다.

여러 곳의 기관들을 방문하면서 박스숍 사업 성공 노하우를 배웠지만 예산 없이 작은 단체에서 하기에는 사실 어려움이 많았다. 박스숍 진열장은 공모사업을 통해 예산을 배정받아 준비하였지만 공공장소를 임차하는 문제가 쉽지 않았던 것이다. 홍보 판매가 동시에 이루어져야 하지만 담당 공무원이 바뀌는 과정에서 새로 바뀐 담당자가 사업의 내용을 이해하지 못해 홍보만 하도록 하는 등 관리상 어려움도 적지 않았다. 그러나 박스숍을 처음 접한 시민들의 반응은 굉장히 긍정적이었다. 시민들은 자신들의 달란트를 이용해 박스숍 사업에 적극적으로 참여하기를 희망하고 있다. (2012.6월 ~ 현재)

수택 2동 엄마품 이브닝케어센터 개소
–전국 주민자치 박람회 우수상 수상

수택2동은 저소득층 밀집지역이다. 맞벌이 부모가 구리시에서 가장 많은 곳임에도 방과 후 돌봄 서비스가 없어 늦은 시간까지 아

수택 2동 엄마품 이브닝케어센터 센터 개소

이들이 놀이터에서 시간을 보내는 상황이었다. 10여 년 넘게 이곳에서 산 나는 이브닝 케어의 필요성을 늘 느끼고 있었다.

나는 동장님과 주민자치위원장을 모시고 이브닝 케어의 필요성을 역설했고, 마침 돌봄 서비스를 해본 주민자치위원이 있어 몇 차례의 기획회의를 거쳐 엄마품 이브닝케어 센터를 개소하게 되었다. 운영은 주민자치위원회에서 하기로 결정하고 장소는 노인정 2층의 공간을 협조 받았다.

그러나 시장통 공원에 주차장 건물이 들어서면서 난제에 부딪히게 되었다. 그곳에 있던 노숙인들이 이브닝케어센터가 있는 공원 쪽으로 옮겨온 와 문제가 된 것이다. 주변에 노숙인들이 몰리는 곳에 어느 부모가 아이들을 보내고 싶겠는가. 따라서 이브닝케어 센터가 제 기능을 하려면 노숙인과 술주정뱅이들을 몰아내야 했다. 다행히 계속적인 노력으로 시장통 공원을 금연공원으로 지정하고 경찰서와의 지속적인 관리 연계로 안정된 운영을 할 수 있게 되었다. (2012.3)

주민 간의 갈등을 풀어가며

수택 2동 백합주택 담벼락 붕괴 위험 속 인접 상가의 벽체 균열

인접한 주택의 담벼락이 3년째 자신의 상가로 기울어져 고통을 호소하는 시민이 있었다. 그 분은 2차 피해를 우려한 나머지 기울어지고 있는 담벼락에 봉을 대었다. 그러나 본인의 상가 건물까지 계속해 크랙이 생기는 피해가 나자 시의원들과 행정기관에 문제를 해결해달라고 호소하기에 이르렀다. 이 담벼락이 공동의 담벼락이다 보니 책임지는 사람이 없고, 행정기관 또한 부서별로 미루기만 하는 상황이었다.

나는 부서별로 뛰어다녀 봤지만 일개 시의원으로서의 한계를 느꼈다. 결국 부시장과 현장방문을 하는 등 행정기관이 도울 수 있는 방법을 연구했다. 대부분 세입자들이었기에 미온적 태도를 가질 수 밖에 없는 점을 인식하고 원주인을 모아 여러 차례 간담회도 가졌다. 간담회를 통해 반장을 선임하였다. 문제해결을 위해 우선 시가 해체된 담벼락 쓰레기를 전담 처리하기로 했다. 그리고 상가 주인이 우선 300만원을 내놓은 것을 시작으로 세대 당 일정액의 담벼락 교체비용을 할당하자는 합의를 도출했다. 이 과정에서 이순영 사무장님의 노고가 진짜 많았다. 열정적인 사무장님이 계셨기에 문제해결의 종지부를 찍을 수 있었다.

이후 2013년 붕괴 위험이 있는 콘크리트 벽을 해체, 안전한 담을 만들었고 도시가스 공사로 인해 심하게 훼손된 도로까지 말끔히 단장을 하였다. 원래 구리시에는 20세대 이상의 공동주택은 시의 기금 지원으로 공동부분을 수리할 수 있지만, 5동이나 되는 백합주택은 주택법이 아닌 건축법에 의해 필지를 쪼개 건축함으로써 20세대가 훨씬 넘지만 혜택을 받을 수 없었다.

이 일을 계기로 구리시 공동주택지원에 관한 조례를 개정하여 20세대 미만의 소규모 공동주택 중 15년 이상 된 공동주택은 공공의 비용으로 안전진단 비용을 지원하게 하였다. 이로써 관내 오래된 공동주택의 도로, 기울어지는 담벼락들을 보수할 수 있게 되었다. (2012.8 ~ 2013.3)

녹색성장 위한
작은 실천들

시민단체 회원들과 서울 동작구 에너지 발전소 등을 견학하며 태양광 발전이 실생활에 사용되는 여러 실질적 사례들을 체험하였다. 녹색성장 저탄소 배출 실천을 위해 우리가 할 수 있는 부분은 무엇인지 통장협의회 운영위원들과 논의하며 전기 아껴 쓰기 등 우선 할 수 있는 일들의 참여를 독려했다. 시에서 진행하는 인센티브 사업에 대한 자세한 설명을 통해 더욱 적극적인 참여를 독려했다.

2013년 햇빛발전소 만들기를 추진하고자 했으나 도 예산이 모두 소진 되어 2014년 본 예산에 태양광 민간 설치를 도울 수 있게 예산을 편성케 했다.

2013년 4월에는 시정 질의를 통해 중수도의 필요성을 제안하고, 빗물이용 시설들이 주택가에 활용될 수 있도록 하자고 제안하였다. 왕숙천변 감나무 식재로 스토리 있는 마을 만들기를 추진, 제안하여 식재하였고, 주민들과 간담회를 통해 쌈지 공원을 조성했다.

2013년 5월, 주택가라 분리수거함이 동사무소에만 설치되어 있다 보니 전구, 형광등, 폐건전지가 제대로 분리수거 되지 않아 우선 부피가 작은 폐건전지 수거를 위해 자원행정과와 연계해 통장 집에 재활용 수거함을 부착하여 분리배출을 용이하게 하였다. 이를 통해 작은 실천이 지속가능한 우리의 삶과 터전을 만들어 간다는 의식을 갖게 하였다.

2013년 9월에는 토평교 다리 밑을 활용하여 프리테니스, 그라운드 골프장을 운영하고, 낚시를 하거나 바람을 쐬러 나오는 많은 사람들이 자가용을 자제하도록 인근에 버스 승강장을 한 개 더 만들어 주민 이용 편익을 높이는 것은 물론, 자동차의 이용을 줄임으로써 지속가능한 녹색 성장에 일조하였다.

국회-무상급식 간담회를 다녀오다

오늘은 이른 아침부터 식구들의 식사를 준비해 놓고 오전 7시 반 구리시청 청원경찰들의 야유회행사를 환송하기 위해 시청으로 내달렸다. 한 지붕아래 식구들이지만 처음 보는 사람이 내가 아는 사람보다도 많았다. 보아야 할 서류가 많아 오전 8시와 오전 8시 반 행사차량이 있다고 했지만 난 사무실로 들어가 컴퓨터를 막 켰다. 아침을 못 먹은지라 율무차를 한 잔 타서 두 모금쯤 마셨을 때 의장님이 전화를 하셨다. 덕현아파트 경로당 차가 오전 8시 출발한다고 하니 서둘러 오라는 것이었다. 마시던 차에 뚜껑을 덮어놓고 부리나케 차를 몰아 덕현아파트에 도착, 버스에 올라 어르신 한분 한분의 손을 잡으며 추운 날씨에 잘 다녀오시라고 인사를 드렸다.

그리고 오전 8시 반이면 나도 다른 의원님들과 수원을 향해 가야

하는 관계로 오전 8시15분경 자리를 떠나 다시 의회로 들어왔다. 이어 진 의원, 황 의원님과 함께 수원을 향해 갔고 오전 10시부터 오후 1시까지는 국가의 정책방향에 대해, 그리고 경기도의 정책방향에 대해 설명을 듣고 토의하는 시간을 가졌다. 3꼭지를 약 30분간씩 설명했는데 깊이는 없고 완전 겉핥기였고 어찌 보면 김문수 경기도지사의 대권을 향한 자신의 치적을 설명하는 듯해 별로 유쾌하지는 않았다. 본인은 짧게 인사를 하고 경기도 담당자가 설명했지만 정말 아무것도 건지지 못했다. 피곤한 월요일이라 그런가보다.

오후 1시쯤 수원을 떠나 구리로 향해 오던 중 난 광나루역에서 혼자 여의도 국회의사당을 향했다. 오후 3시부터 친환경 무상급식 경기도 특별위원회 위원 위촉식과 함께 토론이 있었기 때문이다. 약 40여명의 지역별 위촉위원들이 있었지만 해외연수 등이 겹치면서 결석자가 많아 실제 참여자는 10여 명뿐이었다. 친환경무상급식과 관련한 발제를 듣고 다양한 의견을 나눴다. 무상급식으로 민주당이 국민들의 전폭적인 지지를 받았지만 실천하려는 과정에서 예산을 확보하고 친환경 농산물을 공급하는 데 다양한 문제점들이 있음을 알게 되었다. 또 지역의 친환경무상급식과 관련한 조례를 만드는데 많은 시민들과 함께해야 하는 점, 야당의 모든 분들과 함께 고민할 부분이 너무 많다는 점에서 무거운 발걸음을 구리로 옮겼다.

차가운 기온과 바람 탓인지 머리도 무겁고 현재 조례 준비하는 것들이 너무 힘들어 오늘은 모두 쉬고 싶어 기어이 저녁의 카네기 수업을 땡땡이쳤다. (2010.10.25)

시의원으로서
다양한 분야의 사람들을 만나다

구리시창업보육센터 업체장님들과 간담회

오늘 신동화 의원, 황복순 의원과 함께 창업보육센터를 방문해 벤처업체 사장님들과 간담회를 가졌다.

내가 맡은 많은 위원회중의 하나가 구리시 창업보육센터위원회이다. 며칠 전 창업보육센터의 방이 하나 생겨 새로운 업체를 모집하게 되었고 신청자가 한 업체밖에 되지 않아 심의위원회를 열지 않고 서류로 심사를 한다며 산업경제과의 담당자가 찾아왔다. 난 구리시에 어떤 벤처기업들이 있는지 궁금한데다 위원회가 그들을 위해 무엇을 하는지 진정 알고 싶어 업체방문을 얘기했는데 윤성진 담당 팀장이 바로 업체와의 간담회를 주선했다.

그들은 시의원이 자신들의 소리를 들으러 찾아온 것이 2년 만에 처음이라 한다. 정말 세계에서 으뜸이라 할 정도의 뛰어난 아이템을 갖고도 자금난 때문에 사업 확장을 하지 못하는 기업들을 보면서 구리시가 조금 더 지식기반사업을 확장하는데 일조를 해주면 좋겠다고 생각했다.

그들은 공동으로 쓸 수 있는 공간 확보를 바라고 있었고, 벤처센터의 열악한 환경문제에 대해 이야기했다. 아울러 홍보가 필요하다며 유동인구가 많은 돌다리 부근에 벤처기업 홍보판을 세워 지원해주기를 희망했다. 대체로 직원들이 1~3명 규모인 이들 업체들은 상품 개발하랴 일감 수주하랴 어려움이 있었고, 일부 업체는 나름 많이 성장하고 있음을 알 수 있었다. 창업보육센터는 기본 2년 연장 1년으로 3년 정도를 10여 평 공간을 적은 금액으로 사용하는데 시에서는 연 3천만 원도 안 되는 비용으로 겨우 장소만 열어주는 정도 인 것 같았다.

그들과의 대화를 통해 우리는 몇 가지 소중한 소득을 얻었다. 이곳을 졸업한 업체와의 연관을 갖고 DB화 한다면 신규사업체가 성장하는 데도 도움이 될 수 있고, 업체들이 성장할 수 있도록 관할 부서에서 경기도나 정부의 다양한 사업정보를 연계해 일감을 나누어 준다면 업체들이 자생력을 갖고 발전하는데 큰 도움이 되리라 생각했다. 외국 바이어들이 많이 찾아오는 이 작은 공간을 구리시가 앞장서서 좀 더 널리 홍보해주고 쾌적하게 만들어 준다면 구리시의 지식경제기반을 성장시키는 데 큰 몫을 하리라 생각해본다. (2010. 8.23)

내일을 여는 멋진 여성들을 만나다

오늘은 박석윤 의장님을 모시고 딸기원에 있는 장애인근로복지센터를 방문했다. 센터 원장님의 소개로 작업장을 둘러보고, 시각장애인 협회 회원과 부회장을 만났더니 이동하기 힘들다며 장애인 이동용 차량이 절실히 필요하다는 말을 들었다. 지금도 장애인 이동차량이 3대 있지만 장애인이 많다보니 한 번 이용하려면 며칠 전에 미리 예약해야 되는 상황이라고 한다.

요즘 시각장애인을 위한 첨단기계들이 많이 나오지만 워낙 고가라 소장하시는 분들이 많지 않기에 협회차원에서라도 최소 1개 정도 구비해 필요시 대여라도 할 수 있게 준비해드려야 한다고 생각했다. 또 사회복지과에서도 좀 더 그들의 가려움을 긁어줄 수 있는 배려를 하도록 권유해야겠다고 생각했다.

청각장애인 협회를 방문하였더니 한 담당자가 열심히 수화를 통해 무엇인가를 표현하고 있었다. 방문해 주셔서 감사하단다. 원래 가려고 했던 곳이 지체장애인을 위한 행사였기에 간단히 인사만 나눠 그들과는 함께 얘기할 시간이 없었다. 그렇지만 앞으로는 최소 몇 마디 인사말이라도 수화로 전달하고 그들의 이야기에 귀 기울이려는 노력을 해야겠다고 생각했다.

3층에 위치한 (사)내일을 여는 멋진 여성 구리지회에서는 장애인 여성들을 대상으로 독서지도 강좌를 실시중이라고 한다. 유난히 웃음이 아름다운 사무국장님의 환영과 함께 학원을 운영하시다가 신체 일부 마비장애를 갖게 된 음악을 전공하신 박덕혜 부회장님의 밝은 얼굴에서 같은 아픔을 함께 나누는 친구들이 모일 수 있는 기회를 만들고 서로가 힘이 되어 장애를 딛고 일어서고자 노력하는 모습들을 통해 과연 비장애인인 우리들이 할 일이 무엇일까 생각해본다.

"전 한손으로 지휘도 할 수 있어요. 한 손이라 반주는 안 되지만요."

그들이 6개월 과정을 통해 배우는 독서지도가 작은 도서관 및 구리시 관내 도서관에서 그들의 노력봉사가 책을 좋아하는 아이들을 만들어내고 그들 또한 그 속에서 다시금 정말로 내일을 여는 멋진 여성이 되길 기대해본다. 조금 더 시간을 내어 그들 강의도 함께 듣고 우리 아이다에듀도서관부터 그들을 방문해 보람을 느낄 수 있는 공간으로 열어 드려야겠다고 생각해본다. (2010.8.19)

을지훈련 중 경찰서 위문을 다녀오다

전 세계에 유례없는 분단국가인 대한민국만의 특별한 상황은 늘 전쟁을 염두에 두고 생활해야 하는가 보다. 내가 태어나기 전 휴전

협정이 체결된지라 전쟁이라는 단어가 많이 낯설고 이번 주처럼 을지훈련(군인, 관청, 민간이 더불어 적의 침략에 대비하여 전국 주요 도시에서 해마다 실시하는 훈련. 민방공 훈련, 등화관제, 야간 통금 훈련, 교통 통제 따위의 훈련을 실시한다)을 하는 것이 민간이던 시절에는 그냥 훈련하나 보다 하고 지나갔는데 시민의 대표로서 활동을 하다 보니 각 기관의 훈련을 격려하기 위한 방문을 하게 되었다.

첫날은 과일을 준비해 의장님을 비롯한 의원 모두와 시청을 방문해 상황보고를 받고 다음날에는 경찰서를 방문해 훈련 상황을 지켜보았다. 가상의 시나리오를 통해 토평정수장이 폭파되고, 서해에서 어뢰가 발사되어 우리의 해군함이 격파되어 사상자가 나오고 또 북한 함정 몇 척도 폭파했다는 등의 상황 보고였다. 서해의 일은 멀리 있어 느낌이 적었지만 토평정수장이 폭파되어 사상자가 나왔다는 소리는 당장 우리 집 수돗물을 사용할 수 있느냐 없느냐와 직결되기 때문에 물이 뿌옇고 단수가 된다는 상상을 하니 정말 끔찍했다. 정말 전쟁은 다시는 일어나서는 안 되는 최악의 끔찍한 상황임이 느껴졌다.

시청이나 경찰서외에도 소방서 등은 격려방문을 못했지만 조별로 밤을 새워가며 유사시에 대비해 훈련을 하느라 정말로 고생들을 하신다. 글을 통해 다시 한 번 감사의 말씀을 올리며 하루빨리 통일이 이뤄져 을지훈련 같은 것이 필요 없는 세상이 되길 기대해 본다.

(2010.8.16)

2010.7.28 보궐선거 후에

오늘 누가 보냈는지는 모르지만 7.28 보궐선거와 관련해 민주당 지도부의 행태를 꼬집는 아래와 같은 글을 받았다.

"다들 표정이 왜 그래요? 이렇게 될 줄 다 예상했잖아요? 예상 못 했으면 시민이 아니잖아요. 민주당 지도부지!"

아직 정치 초심자로 참 혼란스러울 때가 많다. 사실, OO구 OO 후보의 공천은 민주당 당원인 나도 받아들이기 싫었다. 그쪽 구민들도 나처럼 생각한 것 같다.

4년 전 5.31선거에 함께 참여했던 한 후배는 이번 6.2 선거에 나오지 않았지만, 그가 이런 말을 했다.

고향인 강원도에 가니 그곳 사람들조차 "이제 무조건 여당후보만 찍지 않는다, 또 몇 선 한 후보도 타성에 젖기 때문에 절대 안 찍는다. 정말 지역을 위해 누가 일할 후보인가를 보고 찍는다."라고 하기에 이번에 어마어마한 후보들이 물갈이가 있지 않았나 싶었다고 한다.

이제 시민들은 정치인보다 정치를 더 잘 아는 사람들이란 것을 다시 한 번 되새기며, 다음번 선택이란 칼자루를 쥐고 누가 정말 열심히 일하는가를 지켜본다고 생각된다. 정말 열심히 해야겠다는 마음을 다시 한 번 먹어본다.

2011년 첫 임시회

2011년 들어 첫 임시회가 개최됐다. 별내선, 갈매보금자리 보상 문제로 이날 의회에서 결의문을 낭독하기로 의원 간 사전합의가 이뤄진 상태였다. 그런데 당일 아침 개회식이 끝나고 임시회 개회 선언이 끝나자마자 신 의원의 5분 발언으로 인해 소속정당이 다른 의원 간에 갈등이 발생했다. 한나라당 의원님은 사실이 아닌 내용이 있다고 반발했고, 신의원 등은 근거자료를 제시하며 사실임을 내세웠다. 이와 함께 의원의 고유 영역인 5분 발언내용에 대해 동료 의원이 민감하게 대응하는 부분 등에 대해서도 의견이 서로 달라 소속 정파 간에 부딪힘이 있었다. 이어 이런 풀어지지 않은 감정이 서로의 감정을 건드리면서 기분이 상해 5분 발언에 포함되지 않은 내용으로 2차 공방이 진행되는 등 당파적 갈등까지 빚어졌다. 다행히 이 같은 모습에 대한 한나라당의 의원님의 질타와 잘못을 바로 시인한 신의원의 사과로 간신히 회의를 마칠 수 있었다.

시의회에서 당파적 모습은 정말로 없어야 하는 모습이다. 그러나 지금과 같은 정당공천제 아래에서 당선된 의원들이 함께 뜻을 모으며 시 발전에만 집중할 수 없는 것도 현실이다. 우리 민주당 의원들은 그런 날이 오길 기대하며 인내하고 타당의 의견을 존중하고, 또 다선의원, 재선의원을 존중하고자 노력했다. 그러나 당론이 다른 탓일까? 서로의 생각하는 부분이 너무도 다르다 . 어떻게 견해차이가 이다지도 큰지 모르겠다.

어쨌든 장애인근로복지센터와 동부제일병원의 자매결연 협약식에 참석하겠다는 약속을 간신히 지킬 수 있었다. 장애인근로복지센터 위원장으로 서울여대 교수님을 추천하여 인사하러 갔는데 오시지 못해 뵙지는 못하고 축하와 감사의 메시지만 인사말로 하고 다시 의원님들과의 점심 식사를 위해 서둘러 시의회로 돌아왔다.

함께 식사는 했지만 그다지 점심식사가 편안하지는 않았다. 특히 더욱 화가 나는 것은 의원이 관심이 있다고 표현하는 것조차 재선의원은, 아니 부의장은 되는 것이고 초선 비례의원은 감히 라는 말을 들어야 하는 등 동료의원을 무시하는 행위를 언제까지 모른 척 인내해야 하는 것인지 답답할 뿐이었다.

추천에는 타인이 하는 추천도 있지만 자신이 해야겠다는 의견이 있거나 소신이 있지만 누군가의 도움을 받을 수 없는 상황에서는 자신의 의견을 개진하는 자천이라는 것이 있다. 우리가 세계 속의 1등 국가가 되기 위해서는 스스로 자신을 표현할 줄 알아야 할 것이다. 그리고 어떤 편견을 가지고 상대가 이야기 하는 것을 무시한다면 절대 발전이 있을 수 없을 것이다. (2011.1.20)

중고등학교 졸업식에 외빈이 된다는 것

2월9일 삼육중학교 졸업식을 시작으로 구리관내 학교들의 졸업식이 시작되었다.

이른 아침 9시에 시작된 삼육중학교 졸업식은 예배와 함께 시작되어 관현악단의 반주에 따른 애국가 제창, 합창단 노래 등으로 차분한 분위기에서 진행되었다. 특히 참석한 학생들이 모두 교복을 입어서 차분한 분위기를 더해줬다.

외빈도 국회의원과 나뿐이었다. 졸업식장은 처음이었는데 내가 왜 여기 와 있나 싶은 생각도 들었다. 상단에 자리를 마련해주지 않아 수상자 자리에 혼자 덩그러니 앉아 있는 내가 처량해 보였기 때문이다. 학교별로 졸업식이 겹치기 때문에 의원들이 나눠서 간다고 하는데 9시가 이른 탓인지 아무도 자원하지 않기에 내가 손을 들었는데 초청받지 않고 온 객 같은 기분을 1시간 내내 지울 수 없었다. 그냥 진심으로 축하해줘야지 하면서도 씁쓸한 마음을 감출 수 없었다. 솔직히 상단에 의자 하나 더 놓을 자리도 있고, 조금만 배려하면 이런 기분도 안 들 텐데….

나도 6~7개월의 의정활동에서 벌써 늘 소개를 받다보니 소개를 받지 않고 있는 것이 이렇게 부담되는 줄 몰랐다. 이제 신문지상에 종종 소개를 늦게 시켰네, 안 시켰네 하며 물의를 일으킨 사람들의 심정이 조금은 공감이 간다.

어깨에 힘들어가지 않고 열심히 일하는 의원이 되겠다고 했지만 오늘 졸업식장에서의 내 모습이 한편으론 부끄럽기도 했지만 솔직히 찝찝했다. 의회로 돌아와 이런 기분을 느끼고 싶지 않아 내일 졸업식장 방문을 취소하려 했더니 이미 연락을 다 취해 놓았다고 한다.

그래서 다시 2월10일 목요일 10시 구리여중 졸업식장을 다녀왔다. 교장 선생님은 시의원이 학교를 찾아준 데 대해 굉장히 반가워해주셨다. 사실 못간 학교도 여러 개 있는데 그래도 의원이 방문한 학교는 나름 차후 뭔가는 분명 플러스요인이 있지 않겠는가! 외빈은 달랑 나 하나. 학교운영위원장과 위원, 학부모회장이 참석했다. 조촐하나마 강영화 교장선생님이 297명의 학생 개개인의 손을 만져주며 직접 졸업장을 손을 수여했고, 담임선생님은 옆에서 악수 또는 포옹을 해주니 졸업생 297명이 모두 수상자가 된 셈이다. 시간은 오래 결렸지만 지루한 격려사보다 나았다. 수여식이 끝나고 교장선생님은 힘들어하셨지만 밝게 웃으시는 미소가 좋았다. 나 또한 의장상을 시상하고 교장선생님의 말씀도 미처 다 못 들은 채 11시 행사 때문에 수택고로 서둘러 갔다.

오전11시 열린 수택고등학교의 졸업식에는 많은 사회단체 외빈들이 오셨고, 김재경 교장선생님은 외빈 한 분 한 분을 기분 좋게, 학교를 위해 너무나 좋은 일을 해주심에 진심으로 감사하는 마음으로 소개를 해줬다. 나또한 시의회를 대표해 1번으로 소개받고, 학교 횡단보도 이전 설치를 도운 공을 인정받아 열정적인 소개를 받으며 인사하고 상을 전달한 뒤 졸업식 중간에 우리 아이 졸업식장인 토평고로 향했다.

토평고 졸업식은 끝자락 밖에 보지는 못했지만 3개 학교 졸업식장의 다양한 분위기와 교감선생님, 또는 교장선생님의 내 · 외빈인사 소개모습 등을 통해 참으로 다양한 생각들을 하게 되었고, 다시 만나고픈 사람들이 어떤 타입인지 느끼며 나또한 다른 이에게 늘 다시 만나고 싶은 사람이 되는 방법을 연구하고 실천하겠다고 다짐해 보았다. (2011.2.10)

주민참여예산제도 토론회에 오다

서울 여성프라자에서 주민참여 예산제도에 대한 현장조사 보고 및 토론회가 있었다. 50명 규모의 강의실에 100여명이 참석했다고 한다. 우리 구리시의회도 집행부 발의로 조례가 상정될 예정이라 거리는 멀었지만 나도 앞선 타시·군의 강점을 배우고자 참석하게 되었다. 사례발표자로 부평구, 원주시, 부천시가 왔고 독일과 스페인의 사례보고도 이어졌다.

이날 토론회에서 특히 가슴에 와 닿은 내용은 독일 리히텐베르크의 시장 엠리크의 어록들이다.

- 참여 예산은 정치적 커뮤니케이션을 통해 주민소통과 복지를 향상시키기 위해서 도입했다. 참여 예산은 여러 정책 중 하나이고, 다

른 참여나 소통의 장치가 많이 있다. 재정과 예산에 대한 주민의 결정권한을 돌려주는 것이 중요하다 생각한다.

- 정당 간의 권력 관계는 항상 변할 수 있다. 사회를 변화시키는 것 중 가장 중요한 것은 정당 간 권력관계가 아니라 주민이다. 이는 주민을 위해 옳은 것인가 그른 것인가를 판단하는 것이 더욱 중요하다는 것이다. 민주주의 사회에서 옳은 일은 주민들이 원하는 것을 정치에 반영하는 것이다.

그런데 많은 지자체에서 주민참여예산제도에 관한 조례를 통과시키려다 보니 어려움들이 있다. 독일이나 스페인의 경우에는 조례 없이도 주민참여예산을 반영해 주민들의 의견을 정책에 반영하고 우선순위를 찾아내는 등 문제가 없었는데 우리는 조례부터 먼저 만들려 하다 보니 의회차원에서 '예산 결산의 심의권은 의회 고유권한인데 침해 당하는 것이 아니냐.'는 우려 섞인 목소리가 높다고 한다. 또한 공무원들의 편의상 주민자치위원회나 통장협의회 등의 다수가 주민참여예산 위원회로 들어오게 할 것이고, 위원회 수당도 또 문제가 되는 것 같다.

독일의 경우 소수의 의견까지 수렴하고자 정당 대표들은 다수거나 소수거나 한두 명만 배정하고, 자치위원 몇 명, 전문가, 노인, 여성, 청소년, 장애인 등 시민들의 대표들로 위원회를 구성한다고 한다. 또 수렴된 의견이 시행되는 데는 2년 후가 된다고 하니 얼마나 많은 토론을 거쳐 꼭 해야 하는 일의 우선순위를 찾는 것이 이색적이다. 국내의 앞선 몇 개 지자체들은 위원회를 동별로 100명 이내로 만들고 있는 곳도 있는데, 아직 시작이다 보니 이것이 정답이다 하는 점은 없는 것 같다.

우리시는 표준조례안에 맞춰진 내용이 아닌 정말 우리 지역 실정에 맞는 위원회 활동 계획을 세우고, 광주북구처럼 조례 없이 주민참여예산제도를 실시한 후 조례를 만든 시의 사례도 연구하고 지역별 주민자치위원회, 새마을, 바르게살기 등 관변단체의 회의 전 20~30분 동안 미리 주민참여예산에 대한 교육시간을 가져 주민들의 의식수준을 높이는 활동이 필요하다 하겠다. (2011.3.9)

뜨거운 감자,
뉴타운사업

요즘 구리시에는 연일 뉴타운 반대시민들이 시청을 점거하고 가두시위를 하고 있다. 지난 금요일(4.15) 퇴근시간이 한 참 지났지만 청경들이 퇴근을 하지 못하고 있기에 이유를 물어 보니 신춘 음악회 행사에 시위 반대자들의 난입이 있을까 대기 중이라고 했다. 나는 행사가 끝난 후에도 청경들이 계속 대기 중인 것을 확인하며 시청을 나갔다.

언젠가 시의회가 진행되던 시기에 뉴타운 반대시민들이 회의를 중단시키고, 시장이 옆문을 통해 나가는 등의 사태가 있었다. 나는 뉴타운시행구역의 주민으로서 그들처럼 궁금한 것도 많았고 기대 반 불안 반의 동병상련의 아픔을 같이 갖고 있다고 생각해 대화를 위해 3층 방청석 복도에 갔다. 그러나 그들은 무서웠다. 심한 말과 거친 행동들이 이어졌다. 그 중에 몇 분 아시는 아주머니들이 내 옷을 끌어당기며 그 자리를 피하라고 나를 내려 보냈다. 어떤 말로도 대화가 어려웠고, 난 두려움이 느껴졌다. 그 후 어떤 행사장에서 그들의 대표 격인 사람을 만났는데 시정질문에 쓴 나의 글에 시비를 걸며 "멱을 따 버리겠다"고 하는 표현까지 들었다. 수택2동에 살고 있는 나는 매일 주차문제로 이웃끼리 싸우는 모습을 봐야했고, 좁은 도로가 주차장화 되는 모습을 보며 10년간 살았기 때문에 어떻게 해야 맘씨 좋은 이웃들이 주차문제로 얼굴을 붉히지 않나 늘 고민했지만 방법을 찾기 쉽지 않았다. 그 후 뉴타운 지역으로 확정되고 기대를 가졌지만 촉진계획이 결정 고시되기까지는 무려 4년이란 시간이 흘렀고 아직도 11개 구역 중 4개 구역에서 주민동의 50%를 받아 추진위원회가 설립되는 정도만 진행되고 있다.

물론 반대하는 시민들의 애기도 충분히 공감이 간다. 월세를 받아 생활하는 연세 드신 분들이 달랑 집 한 채로 보상을 받는다면 어떻게 살 것인가? 그들의 호소에도 귀를 기울여야 하지만 우리는 조금 멀리, 넓게, 그리고 후손들을 위해 배려하지 않을 수 없다. 지금 뉴타운 지정을 취소한다는 것은 어렵다. 현행 도촉법에 일단 고시된 뒤에는 취소할 수 있는 규정이 마련되어 있지 않기 때문이다. 만일 뉴타운이 취소된다고 하더라도 결국은 조각조각 작은 단위의 재개발이 진행되어야 할 것이고 결국은 또 현재처럼 지역내 기반시설이 없어 주차장문제로 매번 싸워야 하는 각박한 삶을 살아야 하지 않을까 우려된다. 조금 시간이 걸리더라도 장기적 플랜으로 100년 후를 내다보는 큰 도시계획을 진행할 수 있도록 우리는 좀 더 머리를 맞대야 할 것이고, 반대하는 시민들의 요구를 모두 수용할 수는 없겠지만 함께 대책을 강구해야 한다고 생각한다. (2011.4.19)

구리시-중국 안도현 우호교류협정 체결

구리시장과 시의원 4명, 도의원 1명 등이 동석한 자리에서 우리 구리시는 중국 안도현과 우호 교류협정 서약서를 체결했다. 이 자리에서 우리는 서로의 장점들을 얘기하며 앞으로의 발전에 서로가 윈윈 하기를 기대한다고 말했다.

백두산(장백산)의 중심이 되는 안도현은 인구 22만 명, 면적이 7800㎢ 로 많은 지하자원을 가지고 있는 도시라 한다. 안도현의 특징을 뽑는다면 교통이 잘 발달되어 아침은 안도현에서, 점심은 한국에서, 저녁은 일본에서 먹을 정도란다. 그 외 관광 상품으로 첫째, 장뇌삼이 많이 나며, 둘째 변방경관이 아름답고 동물종류도 100여종이 넘는다고 한다. 안타깝게도 세 번째는 기억나지 않지만 좋은 곳이라는 설명이었다.

젊은 최광덕 현장은 관광외교를 희망하며 구리시와의 교류를 원했고, (주)일화제약을 방문, 견학한 후 안도현에 인삼가공공장의 유치를 희망했다. 그는 옛날에는 삼이 약품으로 쓰여 사업이 어려웠으나 지금은 중국내에도 삼을 식품으로 보기 때문에 사업이 용이하다는 설명을 붙이며 강한 사업의지를 보였다.

이곳은 조선족 자치구라 한국말이 가능하였지만 이날 행사는 한·중 양국 간의 공식행사여서 통역을 이용해 중국말과 한국말을 혼용해 진행됐다. 이 자리에서는 특히 예총 송영길 지부장님이 하신 말씀이 귀에 생생하다. 우리가 통일을 하더라도 우리의 옛 영토를 찾으려면 중국 조선족과의 관계형성이 상당히 중요하다는 것이다.

먼 훗날 우리 조상들의 옛 영토를 되찾고, 그때의 영화를 누리려면 지금 이 순간 순간이 너무 소중하고 귀한 시간임을 다시 한 번 되새겨야 할 것이다. 특히 중국변방의 조선족과 재일 한국인 동포들을 소중한 우리의 친구로 만들어 나가야 할 것이다. 안도현에서 방문한 최광덕 현장님을 포함한 공직자들이 한국에서의 남은 시간들을 유용하게 잘 활용하고 돌아가길 희망한다. (2011.7.18)

남양주 장애인 작업장을 다녀오다

주민들과 만나거나 장애인단체의 장들을 만나면 모두가 일자리를 문의하기 때문에 나는 늘 일자리 창출에 대한 고민을 하고 있다. 이 같은 맥락에서 구리 수택동 장애인 화훼 작업장의 효과에도 관심을 갖고 있는데 남양주에도 화훼 작업장이 운영되는 것을 알게 되었다. 그래서 구리시 장애인종합복지관장님의 도움을 받아 남양주장애인복지관에서 장애우들이 운영하는 카페와 화훼 작업장을 다녀왔다.

카페에는 두 명의 장애우가 바리스타 교육을 받고 카페에서 일을 하고 있었고, 화훼 작업장에는 10명의 장애우가 겨울 꽃배추와 국화를 키우고 있었다. 흙을 만지며 꽃을 키우는 일을 즐겨하지만 계속적으로 일만 하면 지루해질까봐 하루 한차례씩은 꽃을 말려 압화 만드는 작업을 배우고 있단다.

이곳은 남양주시가 약 4천500만원의 예산을 지원하고 500평 정도의 땅을 무상으로 임대해주었고 (농진청의 도움으로) 이중 자동의 비닐하우스를 만들 수 있었다고 한다. 현재 이곳에서는 가을 국화와 겨울 꽃배추를 키우고 있다. 물론 이곳에서 출하되는 꽃들을 모두 시가 모두 수급해 주기로 해 작업후의 판로를 걱정할 필요는 없는 상황이다. 좋은 조건에서 선생님은 열심히 화훼방법을 가르치고 장애우들은 기술을 익히며 약간의 수입도 얻고 있었다.

반면 구리시의 경우는 약 100평 정도에서 꽃을 키우지만 판로가 확보되어 있지 않은데다 하우스도 단지 비닐로만 덮여있는 열악한 환경이다 보니 많은 시간을 이곳에서 보낼 수 있는 상황이 되지 못한다.

앞으로 약 300평 정도의 공간을 확보해 꾸준히 화훼기술을 배울 수 있게 영구적인 작업장을 만들어 줄 계획인데 장애인들의 복지증진을 위해 제대로 만들어 지길 기대하며 노력하고자 한다. (2011.9.27)

장애인복지증진 조례를 상정했는데 결국…

오늘은 시의원으로서의 한계를 여실히 느낀 날이다. 조례는 시민을 위한 것인데 왜 당파싸움으로 인해 시민들이 피해를 입어야 하는가? 모 의원이 안 된다고 하면 모두가 꼬리를 내리고 주저앉고는 했는데 오늘도 같은 일이 일어났다. 그 의원이 권좌 뒤의 호랑이임을 우리 모두가 시인하고 만 꼴이다.

나는 내가 발의한 조례안에 대해 질의응답을 벌이고 싶었다. 비록 그 과정에서 나에게 상처가 남더라도 그동안 내가 애써왔던 결과를 보이고 싶었던 것이다. 그러나 왜 의원이 발의한 조례안에 대해서는 질의응답을 벌이면 안 되는가? 집행부가 제출한 조례안에 대해서는 신랄하게 비판해 온 것이 의원들의 그간 모습이 아니었는가? 이는 결국 자신들이 조례를 발의했을 때 똑같은 일을 당할까 꼼수를 부린 것이라고 나는 생각한다. 말로는 나를 위해주는 척 온갖 명분을 내세웠지만 결국은 의원이라는 사람들의 횡포라고 생각한다. 시의원은 시민의 종복이라고 하지만 과연 우리가 얼마나 시민의 종복 노릇을 해왔는가 말이다.

조례를 제정할 때 조례의 내용이 무엇인지가 중요한 것이 아니라 조례를 발의한 상대가 좋으면 그냥 쉽게 동의가 이뤄진다. 반면 나는 원칙주의자이기에 다른 의원들에게 마냥 부드럽고 좋은 모습을 보이지 못한 탓인지 1년이라는 긴 시간을 끌고도 해결하지 못했다. 장애인단체 여러분들께 죄송스러운 마음뿐이다. 나처럼 능력 없는 의원 때문에 필요할 일을 관철시키지 못한 것이다. 그러나 내게도 할 말이 많다.

어떻게 1년의 시간 동안 늘 찾아가 조례의 부족한 점에 대해 보충하자고 요구하면 조례를 다 보지 못했다고 하더니 정작 발의하는 날에는 굳이 함께 보완하자며 발목을 잡고 김을 빼는 것인가? 후배의원이 잘 할 수 있게 미리 도움을 주면 안 되는 것인가? 참 세치 혀의 현란함에 놀랄 뿐이다.

이른 아침 마음을 다 잡기위해 법당에 들어갔을 때 왜 한 없이 울음이 쏟아질까 싶더니 결국 이런 상황이 올 것을 부처님께서 알려준 것 같다. 며칠 전까지만해도 우리당 의원님들은 표결을 통해서라도 함께 관철시키자고 하였다. 그러나 어제저녁부터 흔들리기 시작하더니 결국 오늘 아침 나를 배반하고 말았다. 그들의 행태가 어디 하루아침의 일인가? 나는 원칙이 지켜지고 법칙이 지켜지는 의회가 되길 바란다. 그렇기에 힘들지만 타협하지 않고 나의 길을 가련다. 보이지 않는 곳의 작은 변화를 통해 그 환함이, 따사함이 세상을 바꾸는 날까지 몸속의 물을 모두 눈물로 쏟아내더라도 더 힘차게 가겠다. (2011.8.23)

지역 탐방
수택동

구리시 OO동에 월세 사는 한 조손가정을 방문하고 왔다. 타 시 · 군에서 살다 전입한지 4개월 정도 되었다는데 주인은 주방에 찬물밖에 나오지 않아도 모른 척하고, 보일러실에 물이 새도 보일러실을 열어주지 않는단다. 창의 모기장은 찢어지고 틀어져 아귀가 맞지 않아 모기가 극성인데도 여전히 주인은 모른 체 한단다.

비싼 가스요금 때문에 보일러도 맘껏 못 돌리고 작은 전기장판 하나에 의지하고 있지만 몸 튼튼한 5학년손자는 겁이 많아 늘 자리를 비집고 들어오니 잠자리도 편하지 않다. 방이 지하이다 보니 늘 물 내려가는 소리에 잠이 깨어 약을 드신다는 허리가 굽으신 어르신. 함께 방문한 사회복지사와 자치위원은 그래도 참으로 오랜만에 보는 깔끔한 집이라 하신다. 아마도 보증금 1천만 원에 35만원짜리 월세집이지만 그래도 이사 올 때 겉을 멀쩡하게 보이기 위해 도배와 장판을 새로 한 것 같다.

35만원의 월세와 만원이 넘는 상수도요금, 가스비 등 공과금을 빼고 나면 동에서 주는 월 60여만 원의 돈으로 5학년손자와 살기에는 정말 쓸 돈이 없다. 손자는 겁이 많다고 하더니 일찍 부모를 여의고 무언가에 크게 놀라 활동이 적은 것인지 약간의 비만에 제학년의 수준이 조금 미달한 듯싶다.

9월 노령연금이 아직 안 나왔다고, 딸이 자신의 이름으로 핸드폰을 만든 뒤 요금을 내지 않아 어르신께 전가되었고 할아버지가 돌아가셨는데도 집 전화 명의를 변경하지 못하고 산다는 등의 투정과 하소연을 하시는 어르신 앞에서 못내 안타까운 마음밖에는 표현할 길이 없었다.

어려운 환경 속에 사시는 분들이 맘씨 좋은 집주인만 만나면 얼마나 좋을까? 뉴타운 때문에 집값은 자꾸만 오르고 언제 부서질지 모르는 낡은 집에 비싼 보일러 수리 등을 하지 않는다고 집주인들만 탓할 수도 없고…. 뉴타운개발은 진정 없는 자를 죽이는 실패한 정책인가? (2011.10.21)

상반기 정례회 중 신상발언을 하게 된 이유

민주당이 의장단을 모두 차지하였다는 이유로 새누리당 의원님들이 반발해 시의회 정례회가 1주일 동안 파행되었다. 한나라당 5명, 민주당 2명으로 구성되었던 지난 5대 때는 전 · 후반기 모두 한나라당이 의장단을 독식하였다. 그러나 6대 의회 전반기 원 구성 때는 새누리당에 재선의원이 있는 것을 존중하는 차원에서, 그리고 화합하고 소통하는 의회를 만들자는 차원에서 민주당 내부의 갈등을 보듬고 부의장석 1석을 한나라당에 양보했다.

정치는 타협을 통해 서로가 주고받는 것이고, 사람이 하는 것이기 때문에 옳고 그름보다는 서로가 쿵짝을 맞춰 잘해나가면 되는 것이라고들 한다. 그러나 나는 비록 정치인이지만 그러한 논리를 알지도 못하고 알고 싶어 하지도 않는다. 내가 생각하는 정치는 오로지 시민의 삶의 질을 위한 향상시킬 수 있는 더 좋은 방안과 정책을 만드는 것이라 생각한다. 그러한 점에서 나는 정치판에서 볼 때 모난 돌인 것 같다.

지난 2년간의 의정활동에 대해 긍정적으로 평가하시는 의원님이 계신 것도 사실이다. 그러나 밖의 시민들이 볼 때는 적잖이 불만이 있었던 것으로 알고 있고 내 자신 또한 아쉬움이 많이 남는 의정활동이었다고 생각한다. 그래서 이왕이면 우리 의원님들이 당리당략이 아니라 시민을 우선으로 생각하는 모범적 의회상을 정립해보자는 차원에서 본회의장에서 신상발언을 하게 되었다.

자성을 통해 잘 해보자는 내 발언은 있는 사실을 말씀드린 것이었다. 그러나 역시나 그 속에서 언급된 잘못된 행위를 한 사람은 욕을 먹을 수밖에 없기에 자성보다는 내 발언을 빌미로 시의 중요한 현안사항을 논의하는 자리에 나타나지 않은 채 오히려 의원이 동료의원을 공격했다며 징계를 운운하는 등 주 종목인 발목걸기에 혈안이 되는 모습을 보였다.

민주당 소속 동료 의원들은 시의 현안처리를 위해서는 새누리당 의원들의 협조가 필요하니 신상발언을 통해 문제를 만든 사람이 문제를 해결하라고 종용하였다. 이는 결국 새누리당 의원들에게 사과하라는 소리가 아닌가? 가슴만 답답할 뿐이다. 잘못을 저지른 사람은 사과 한 마디 없고, 잘못을 지적한 사람에 대해서는 징계를 요구하는 것은 물론 주례모임에 비협조적 태도를 보이거나 불참하는 등 의원으로서의 활동에는 소홀한 것을 어떻게 이해해야 하는지 누가 답 좀 줬으면 좋겠다.

1년 전 어느 새누리당 의원이 동료인 나에게 막말을 한 채 사과를 하지 않다가 내가 결국 법에 호소하는 상황에 이르자 지역의 어르신들을 동원, 사과 같지도 않은 사과를 받고 고소취하를 한 적이 있었다. 그런데 이러한 사실을 언급하였다고 어떻게 피해자인 내가 늘 논란의 중심에 있는 사람으로, 문제를 만드는 사람으로 매도되어야 하는지 이해할 수 없다.

"모난 돌이 정 맞는다는 속담이 있다." 그러나 어떤 것을 만들기 위해서는 둥그런 돌 뿐 아니라 모난 돌도 있어야 한다고 생각한다. 오늘의 불상사는 의원 간의 견해차를 늘 수평적 관계가 아니라 선수로, 연배로 가르치려는 수직적 관계로 해결하려는 행태에서 발생한 것이라고 생각한다. 또한 부끄럽지만 여성의원님들의 목소리가 약하다 보니 이러한 구조에서도 참고 인내하는 경우가 많다. 동료 여성의원님들의 관대함과 비교할 때 내 자신이 더욱 부족해서 그런 것은 아닌 가 반문해 보기도 한다. 그러나 적어도 누군가는 아닌 것은 아니라고 말해야 비록 작고 더디지만 변화를 만들 수 있을 것이라고 생각하기에 불편함을 감수하더라도 나의 이 모습을 그대로 굳건히 하려고 한다.

물론 어떤 분들은 내가 실기했다, 경솔했다고 평가하기도 하지만 나는 옳은 일을 했다고 생각한다. 관행적으로 의원이 동료의원을 공격하는 것이 잘못된 일일 수 있지만 뒤에서 뒷담화로 욕을 하고 불만을 터뜨리는 것보다는 낫다고 믿고 싶다. 우리 모두 솔직해졌으면 좋겠다. 쓴 소리가 듣기 싫은 건 나 또한 마찬가지다. 그래도 나에 대한 비판은 나를 반성해 볼 수 있는 기회가 되기 때문에, 유쾌하지는 않더라도 비판을 수용하며 내 자신을 더 큰 사람으로 만들려고 노력할 것이다. (2012.7.23)

팔당 물환경 체험을 다녀오다

태풍 덴버의 영향으로 아침부터 내린 비가 행사를 준비하는 사람들의 마음을 애타게 했다. 추적추적 내리는 비로 아침부터 핸드폰은 쉼 없이 울려댔고 적잖은 불참통보가 정말 앞을 까맣게 만들었다. 어제까지만 해도 일정이 취소되거나 진행이 무리가 없을 것이라고 판단해 떡을 맞추고 명찰 등 준비사항을 점검하느라 사무국장님께 아마 20번도 더 통화했을 것이다. 그러나 다행스럽게도 이 교육에 참여하시는 많은 분들이 우리의 식수원인 팔당호에서 배를 타 볼 수 있다는 점에 매력을 느꼈기에 궂은 날씨에도 불구하고 일정이 바쁘신 몇 분을 제외하고 31명이 함께 출발할 수 있었다.

윤호중 국회의원님, 박영순시장님, 김태한 부시장님, 박석윤 의장님의 배웅을 받으며 특히 "팔당호에서의 선상체험은 정말 대단한

팔당 물환경 체험

일이다"는 부시장님의 말씀과 "배는 바람만 불지 않으면 비가 와도 뜬다"는 관계자의 말에 희망을 걸고 즐거운 마음으로 출발하였다.

제일 먼저 팔당 물환경 전시관에서 물에 대한 교육을 받은 우리는 변기 속에 1.5L 패트병 하나를 넣는 것도 소중한 물을 아낄 수 있는 한 방법이라는 것을 배웠다. 또 전망대를 통해 북한강과 남한강이 만나는 두물머리와 경안천이 합쳐져 팔당으로 유입된다는 팔당호를 뿌연 창을 통해 관람한 후 버스를 타고 이동했다. 그런데 물환경 체험관에서 30여분 가량 머물며 정지리 습지 생태에 관한 설명을 듣고 있는데 선상체험이 취소되었다는 날벼락 같은 문자메시지가 날아왔다. 사무국장과 어떻게든 회원들을 실망시키지 않으려 노력을 했지만 한 편으로 안전사고에 대한 우려 때문에 어떠한 빽도 먹히지 않았다.

결국 회원님들께 어렵게 사정설명을 드린 후 뒤죽박죽된 일정으로 인해 이른 점심을 먹어야 했다. 20여분 일찍 도착한 우리 때문에 "고와" 한정식측이 미처 준비를 다 못해 처음에는 사장님을 오해하기도 했다. 그러나 죽여주게 맛있는 된장찌개, 특히 내가 좋아하는 잡채가 차려진데다 잔반을 남기지 않기 위해 처음에는 반찬을 조금만 제공하지만 필요하면 추가로 더 드린다는 사장님의 말씀을 듣고 오해도 풀수 있었다. 더욱이 달콤한 동동주 값을 2만 원가량 할인해 주셨기에 웃으며 나올 수 있었다. 회원님들도 모두 맛있게 드신 것 같아 더 없이 좋았다.

점심을 마친 우리는 다음 일정으로 정지리 습지를 찾았다. 언덕 산책로를 올랐을 때의 향기로운 칡 향기는 잠시 동안 빗속의 우리가 영화 주인공이라도 된 듯한 즐거움을 주었다. 그런데 아카시아 꽃 같은 보라색 칡꽃에 코를 대보기도 하며 추억에 젖어 보고자 하는 순간 갑자기 빗줄기가 굵어지고 바람까지 강하게 몰아쳐 바지가 허벅지까지 다 젖는 상황이 되었다. 할 수 없이 가던 길을 되돌아 선 우리들은 서둘러 차로 돌아와야 했다. 습지에는 빗줄기에 꽃잎을 축 늘어뜨린 연꽃의 꽃밥이 까맣게 고개를 숙였고 연잎파리는 무거운 듯 줄기가 거의 모두 누워 있는 듯 했다.

한강 물환경생태관으로 가는 동안 빗줄기가 점점 강해지고 바람도 더욱 세차졌고 선상체험마저 취소되었지만 회원님들은 소녀 같은 감성에 젖어들며 나름의 추억에 빠진 채 창밖의 비를 즐기는 듯해 참 다행이라는 생각이 들었다.

물환경생태관에서는 다양한 민물고기와 천연보호종에 대한 설명을 들었다. 또 우유팩의 남은 우유를 정화하려면 3천L의 물이 필요하다는 사실도 알게 되었다. 앞으로 쌀뜨물과 남은 우유는 희석하여 화분이나 화단에 주어야겠다고 생각하며 모처럼 동심으로 돌아가 댐의 원리를 설명하기 위해 만들어진 조형물의 스위치를 눌러가며 놀이를 통한 체험도 해보았다.

마지막으로는 팔당 수력 원자력 발전소를 방문하여 수력 발전소의 발전 형태에 대한 설명을 들었다. 그러나 비가 심하게 오는 상태여서 밖의 발전소 견학은 생략하고 멀리 창밖으로 보는 것으로 만족한 채 구리로 돌아왔다.

오랜만에 학생처럼 빡세게 공부한 것 같다는 회원님, 교육을 통해 배운 작은 물 사랑 실천을 하시겠다는 회원님들의 자평을 들었다. 특히 오늘 본 영상 중 기러기들이 4만km를 날아가는 동안 서로가 서로의 힘이 된다는 이야기를 되새겨 보며 우리 평강포럼의 방향이 그러해야 한다는 회원님들의 평가를 듣다보니 참으로 보람차게 하루를 보낸 것 같았다. 앞으로도 리더인 회장이 제 역할을 하고 회원 상호간에도 더욱 서로를 아끼는 마음을 가져야겠다. (2012.8.30)

구리관내 고등학생 20명에게 장학금 전달

흥농의료지원재단 산하 윤곡 장학회는 주로 국립대 농대 학생들에게 장학금을 지원하는 재단법인이지만 2012년 구리시 관내 고등학생 18명에게 900만원의 장학금을 전달한데 이어 2013년에는 20명의 학생들에게 총 1천만 원의 장학금을 수여했다. 흥농의료지원재단 산하 윤곡 장학회의 장학금 지원은 지난 2010년 한양대병원에서 캄보디아 아이인 뽀얀이의 척추측만증 수술지원을 통해 나와 흥농의료지원재단과의 인연이 만들어진 것이 계기가 되었다.

흥농의료지원재단(박은영팀장, 정훈부장)과 좋은 관계를 맺었던 덕분에 2012년, 지난 2011년 시작된 저소득층 여아 대상 자궁경부암예방사업 지원도 함께 할 수 있었다. 특히 이 과정에서 이런 저런 대화를 나누게 되면서 나는 어려운 경제 상황 속에서 일시적 어려움을 겪는 청소년들에게 도움을 줄 수 있으면 좋겠다고 제안했고 재단측이 윤곡장학회와의 연결을 주선해준 덕에 2012년 9월 관내 고등학교 학생 18명에게 900만원의 장학금이 수여될 수 있었다.

2013년에는 나의 주도아래 교장선생님과의 간담회도 개최하여 장학금 수여자와 수여받는 학생들에게 실질적 도움이 될 수 있는 방법을 논의한 끝에 구리여고와 수택고 각 1명씩을 추가, 모두 20명의 학생들에게 1000만원의 장학금을 전달하게 되었다. 장학금 전달식에서는 추천장학생 대표로 토평고 2학년 정지나 학생이 감사의 글을 낭독하고 이사장님께 편지를 전달했다.

심의를 한 윤곡장학회 측에서도 어려운 여건 속에서도 학생들의 학업성적이 우수하다며 칭찬을 아끼지 않았고 올해는 특히 안현선 이사장님께서 특별히 더운 여름날씨 속에서도 열심히 공부하는 학생들을 위해 작은 떡 선물도 준비해 주셨다. (2013.8.20)

의원들의 해외연수와 관련하여

의원들의 해외연수와 관련해 참 말도 많고 탈도 많은 것이 사실이다. 의원들의 이같은 해외연수 관행에 나는 또 한 번 도전장을 내밀었다. 나는 여행사 주관아래 만들어진 프로그램에 따라 진행되던 의원해외 연수관행에 반기를 들었다. 나는 의회연수의 질을 높여야 한다며 자비 연수를 떠났다.

다른 지방의회와 마찬가지로 구리시 의회도 대부분의 해외연수 프로그램은 여행사 주관아래 만들어지며 의원의 관심 여부에 관계없이 모든 의원이 함께 해야만 공무국외연수로 인정해 연수경비를 지급받을 수 있다. 나도 처음 두 해는 의원 간 단합의 중요성을 감안해 정해진 프로그램에 따라 해외연수를 다녀왔다.

그러나 기존 해외연수 프로그램의 한계를 느낀 나는 뜻을 함께 하는 의원들과 관심 있는 분야중심의 연수프로그램을 추진했다. 이에 대해 시의회측은 지원할 수 없다는 입장일 뿐이었다. 결국 나는 필요경비 380만원을 전액 자비로 지불하고 프랑스 연수(협동조합, 마을카페, 로컬푸드, 벨기에 책마을 등 공동체 활동단체 방문)를 다녀왔다. 이 프로그램에 참여한 의원들의 경우 상당수는 전액지원을 받았거나 연 해외연수 지원비용 180만원을 지원받기도 했지만 전액 지원받지 못한 곳도 일부 있었던 것으로 나타났다.

〈구리시 의회 의원 공무국외여행 등에 관한 규칙 제2조(적용범위) 4. 선진국 지방자치 연수와 견학을 위하여 여행하는 경우(2009.7.8 개정), 제3조 (허가권자) ~의원의 국외여행은 의장이 허가한다〉 규칙의 기준으로 본다면 결국 해외연수 경비의 지원은 의장의 결심과 관행을 깨려는 동료의원들의 협조에 있다 하겠다.

올해도 구리시의회는 해외연수를 추진 중이지만 이에 대한 나의 생각은 다르다. 이번에 구리시의회가 가려는 곳은 이미 다 다녀온 곳이거나 언제든 갈 수 있는 곳인 만큼 미리 기획한 곳으로 연수를 다녀올 생각이다. 이에 따라 연수 계획서를 제출했지만 이번에도 동료의원들이 동의해주지 않아 결국 또다시 자비로 연수를 떠나게 되었다.

지도자는 끝없이 공부하여 앞서가는 생각으로 지역을 이끌어 나가야 한다고 생각한다. 지식과 정보가 빠르게 변화하는 시대를 살기위해서는 끊임없이 부지런하게 우선은 모방을 통한 창의가 필요하다고 생각한다.

나는 오는 11월 17일부터 20일까지 3박 4일간 일본 연수(정례회일정으로 2박3일만 참석)를 떠난다. 연수의 주제는 민관 협업정신을 통한 마을만들기 및 지역 재생 선진사례 정책연수이다.

이 연수는 지역의 지속가능한 발전을 목표로 일본의 지역활성화 현장을 벤치마킹하여 정책추진과제를 모색하고 현장에 적용 가능한 아이디어를 발굴하고자 함이다.

주요 연수 프로그램 내용으로는

1. 지역의 유휴공간을 활용한 지역활성화 사례
2. 일본 도심지역의 마을 만들기 사례
3. 시민의 참여와 협력을 통한 참여형 환경도시 사례
4. 일본의 도시농업 운영현황이다.

이 프로그램은 글로벌앤 로컬 브레인파크에서 주관하고 서울시 용산·성북구의원님들과 경남 남해군 공직자 등 총 7명이 함께 한다.

의원들의 해외연수가 예산 낭비라는 비난이나 언론의 단골 가십거리가 되지 않으려면 나의 경우처럼 목적성을 갖고 연수를 진행하려하는 아름다운 모습을 격려해줘야 하지 않을까? 특히 각 시군마다 있는 의원 공무국외여행 등에 관한 규칙을 조례화하고 의원의 관심분야에 따라 기획한 국외 연수프로그램인 맞춤형 의원 공무국외여행으로 적용 범위를 확대해야 한다고 생각한다. (2013.11.15)

마지막
시정 질문

안녕하십니까? 민경자의원입니다.

존경하는 박석윤의장님과 황복순부의장님 그리고 선배 동료의원 여러분

또한 시정에 노고가 많으신 박영순시장님과 700여 공직자 여러분, 아울러 구리시 발전에 많은 관심을 갖고 방청을 하시는 구리 시민과 언론인 여러분!

어느새 2013년이 저물어 가고 있습니다. 6대 의회에 들어와 매 정기회 때마다 한 번도 빼놓지 않고 시정 질문을 하였고 나름의 성과도 있었다고 자부하지만 이제 채 7개월 정도의 의원 임기를 남기고 있는 입장에서 마지막 시정 질문이라 생각하니 그간의 활동을 돌

아보게 되며 뭔가 가슴 답답하고 막막해짐을 어떻게 표현해야 할지 모르겠네요.

의정 활동의 꽃이라고 할 수 있는 시정 질문은 집행부의 미진한 부분과 잘못된 부분에 대한 추궁보다는 시민을 위하는 대안을 마련하는 자리라 생각하여 다양한 제안들을 해왔고 나름의 성과도 얻었습니다. 다만 아쉬움이 있다면 의회나 집행부나 구리시의 발전, 시민의 복지향상과 안녕을 목표로 하고 있으나 소통하고 협력하는데 부족함이 있었고 시민과 소통하는 열린 의회를 만드는데 인터넷이나 SNS의 이용이 원활하지 않았으며 또한 의원들 간의 토론문화가 제대로 형성되지 않아 소통부재로 인해 지역현안 해결과 지역경제 활성화를 위해 의정 역량을 함께 모아내지 못했다는 아쉬움이 남습니다.

현재 우리나라는 세계경제 불황의 여파로 인해 어려운 경제상황에서 서민들의 삶이 척박하고 그로 인한 인간관계들이 점점 각박해지고 있는 현실 속에서 정부나 정치인들이 국민들에게 신뢰감을 주지 못하는 안타까운 현실에 정치인의 한 사람으로서 부끄럽고 마음이 아픕니다.

1. 첫 번째 질문 드리겠습니다.

다행히도 내년에는 세계경제의 완만한 성장과 소비, 투자 심리 개선 등으로 향후 경제가 회복될 전망이라 평가하지만 경기회복에 대한 불안요인은 쉽게 떨칠 수 없는 것이 현실입니다. 우리시의 재정전망만 보더라도 갈매보금자리 지구개발로 인한 인구유출과 부동산 경기침체로 당분간 자주재원은 소폭 감소할 것으로 예상하고 있습니다.

시의 내년 예산계획을 보면 저출산 고령화 관련 복지사업 확대로 지방정부의 복지사업을 위한 재정 부담이 가중되고, 국고보조 보육사업 예산의 확대에 따른 지방비 부담 증가는 복지 분야의 의무적 재정지출이 증가할 것입니다. 따라서 한정된 재원을 효율적으로 사용하기 위해서는 모든 사업을 제로베이스에서 재검토할 필요가 있다고 보여 집니다. 세입확충을 위한 노력을 강화해야함은 물론이고 균형적인 예산운영으로 재정 건전성을 높이고 긴축재정 운용과 경상비 절감을 통한 건전 재정질서를 확립해야 한다고 생각합니다. 안행부의 우리시에 대한 재정평가서를 보니 중기 지방재정계획에 대한 이해가 부족하다는 평가가 있었습니다. 이에 대한 답변과 재정 건전성확보를 위한 대책을 말씀해 주시기 바랍니다.

2, 두 번째 질문입니다.

어려운 경제상황으로 인해 지방세수입은 줄어들고 복지예산은 점점 늘어나는 현 상황에서 우리가 그간 해온 복지행정의 시스템에 의한 누수는 없었는지 최대의 효율성을 낼 수 있게 시스템구축이 되었는지 재점검해 봐야 한다고 생각합니다.

내년 지방세 징수목표는 경기침체로 인한 부동산거래 급감, 양도소득세 감소 등으로 올해에 비해 76억3천만원정도 감액하여 목표액을 계획하는 것으로 알고 있습니다. 시에서도 예산 절감부분에 대한 많은 고민을 하고 있으시겠지만 위탁기관들 또한 예산 부족으로 운영상에 어려움들이 많이 토로되고 있습니다. 특히 좁은 우리시의 면적을 생각할 때 기관들의 셔틀버스를 일원화 할 필요가 있다고 생각합니다.

예를 들어 주민편익시설과 청소년수련관에서 운영하는 셔틀버스의 경우 위탁업체도 다를 것이고 두기관의 셔틀버스 운영비용의 합이 연 3억8천억씩 소요되고 있습니다. 두 곳 모두 다른 곳에 위탁을 주고 있는데 셔틀버스 운영에 대한 많은 애로사항을 갖고 있습니다. 따라서 두 셔틀버스의 운영을 일원화하여 노선에 대한 효율적인 방안을 찾아낸다면 두 기관의 셔틀버스로 인한 적자운영의 어려움도 해소하고, 예산절감 효과도 있을 것이라 생각합니다. 이에 대한 시장님의 견해를 말씀해 주십시오.

3. 세 번째 질문입니다.

다음은 월드디자인센터 관련 질문입니다. 지난해 우리시는 국토교통부로부터 사업의 타당성을 인정받아 개발제한 구역 해제 및 친수구역 지정을 위한 행정 절차를 진행하고 있는 것으로 압니다. 환경보존대책 문제로 서울시의 반대, 농림부의 반대 등으로 우리 시민들이 많은 기대와 염원을 갖고 노력함에도 불구하고 모든 행정 절차의 진행사항이 쉽지 않아 많은 시민들의 마음을 애타게 하고 있는 실정입니다.

또한 국토교통부 중앙도시계획위원회에 상정심의 의결되면 본격적인 착수에 들어가는 것으로 아는데 지난 21일 상정부터 어려운 소식을 접해 아직도 갈 길이 먼 거 같아 걱정이 많습니다. 그러나 개인적으로는 우공이산(愚公移山)이란 말을 새기며 아무리 어려운 일이라도 뜻을 갖고 노력하면 이룰 수 있다는 말로 희망의 끈을 놓지 않고 있으나 시민들의 기다림에 답을 줄 수 없는 상황이 안타깝기만 합니다. 시장이나 담당부서에서는 더욱 마음 졸이고 있겠지만 진행되는 일의 과정을 순차적으로 볼 수 있어 어느 정도 단계에 이르고 있는지 앞으로는 어떤 과정이 남았는지 쉽게 알 수 있게 설명을 통해 시민들의 궁금증을 해소해 주시기 바라며 이에 대한 답변을 부탁드립니다.

아울러 월드디자인센터 사업을 위해 어렵게 만들어진 구리도시공사의 그간의 주요 업무현황 및 추진활동에 대해서도 답변을 주시기 바랍니다.

4. 네 번째 질문입니다.

다음은 성 평등 정책관련 질문입니다. 2012년 기준 한국의 젠더격차 국가순위는 108위이고 일본은 101위, 중국은 69위입니다. 이중 남녀간 경제참여 격차는 101위, 교육격차순위는 99위, 건강격차순위는 78위, 정치적 의사결정 참여 격차 순위는 86위이고 이 4개를 종합한 순위가 108위라고 합니다.

한국과 일본의 국가 경쟁력은 젠더격차 수준에서 보면 매우 위험하며 장기적 관점으로 볼 때 국가경쟁력이 중국에 추월당할 것입니다. 세계 10위권 이내의 국가경쟁력을 유지하려면 성 평등 사회가 범국가적으로 실현되어야 하는데 대통령이 여성이 되었다고 일부 힘을 가진 집단에서는 성평등 제도나 법률이 다 이뤄졌다고 말하며 오히려 역차별을 이야기하기도 합니다. 그러나 눈에 보이는 성평등 조치에 의한 법과 제도는 겉으로 보이는 불평등을 어느 정도 해소해 가고 있는지는 모르지만 몇 천년동안 우리를 지배해온 우리의 습관과 행동, 가치관 속에 뿌리 내려온 유전적 속성으로 진정한 불평등은 해소 되지 않았다고 봅니다. 성 평등의 관점이 이제 조금씩 움직이는 출발선상에서 겨우 발을 떼고 있는데 이미 성 평등 정책의 시효가 끝난 듯 치부한다면 이것은 우리나라의 미래 경쟁력에 적신호가 될 것이라 생각됩니다. 따라서 여성에게 기회를 보장하면 남녀간 시너지가 발생할 것이고, 여성의 기회를 박탈하고 억압하면 남녀간 제로섬 게임을 하게 될 것입니다. 시장께서는 성 평등 정책이 우리 미래의 경쟁력의 근본이라는 사실을 주지하여 여성들이 우리시와 우리나라를 세계 최고로 만드는 주역이 될 수 있게 배려와 역할을 부여해야 한다고 생각하는데 이에 대한 시장님의 견해를 밝혀 주시기 바랍니다.

5. 다섯 번째 질문입니다.

장애는 장애를 가진 사람도 힘들지만 그 가족은 더욱 큰 고통으로 삶을 지탱하고 있기에 우리는 장애인과 그 가족이 행복한 삶을 추구하고 안정적인 생활을 영위 할 수 있도록 정책을 강구해야할 의무가 있습니다. 그런데 장애인복지증진 조례는 2012.1.5일 제정 공포되었고 2012년 8월 위원회가 위촉 되었으나 한 번도 회의가 개최되지 않은 것으로 알고 있습니다. 이 조례에 의한 위원회의 위원장은 시장으로 되어 있는데 알고 계시는지요? 주차장 사용과 관련해 장애인이나 장애인 가족들의 계속적인 민원이 제기되어 인권침해 문제까지 거론되어 지역신문에서 몇 차례 기사로 다루기도 하였는데 기사를 보셨으리라 생각합니다. 장애인복지위원회 위원장으로 계신 시장께서 관심이 부족하지 않았나 묻고 싶습니다. 이제 장애인 권익보호 및 복지증진을 위한 종합 계획을 수립하는 등의 책무를 제대로 수행하여 장애인들의 총체적인 복지 향상을 위해 노력해야 한다고 생각하는데 시장님의 향후 대책을 말씀해 주십시오.

또한 지역신문에서 보도된 '장애인들의 이동권이 심각하다'는 기사에서 보듯 현재 수택3동과 수택2동의 경계인 도로의 양쪽 인도를 보면 횡단보도의 인도와 차도의 경계석에 문제가 있고, 최근에는 동신약국 건너편 상가 앞의 시각장애인용 점자판이 모두 깨져 흉물스럽게 방치되고 있는 상황입니다. 시각장애인용 점자판은 언제 설치되었으며 도로에 맞는 재질이 설계되었는지, 이 점자판의 내구연한은 얼마인지 등에 대한 답변과 훼손된 시각인용 도로안내 표지판의 복구에 대한 계획을 말씀해 주시기 바랍니다.

6. 여섯 번째 질문입니다.

우리시에는 비인가 대안교육 시설로 두레학교와 ,흰돌솔로몬 외국어학교 두 곳이 있는데 이곳에도 우리 구리시의 아이들이 다니고 있습니다. 비록 이 학교들은 비인가시설이지만 공공적 가치와 공익적 기능을 추구한다는 점에서는 정규학교와 다를 것이 없음에도 이 학교를 다니는 학생들은 무상급식 혜택을 받고 있지 못하고 있습니다. 보편적 무상급식이 진행되면서 2010년 하반기에 5,6학년 대상, 2011년부터는 초등교 전면 무상교육실시, 2013년에는 초등교 전학년과 중3만 선택적 확대, 2014년부터는 중학교까지 전면 시행하는 것으로 계획되어 있는 것으로 알고 있습니다. 올해 우리시의 대안학교 학생수는 두레 219명, 흰돌솔로몬 33명으로 약 252명으로 알고 있습니다. 초등교는 학교마다 약간의 차이가 있지만 1인 평균 2천500원, 중등은 3천100원정도로 알고 있고 또한 무상급식은 도교육청과 매칭 형태로 진행되는 것으로 압니다. 그러나 경기도 교육청에서 인가한 대안학교 시설은 경기도 전체에 겨우 3곳에 불과하며 우리시의 2곳은 모두 비인가 시설로 무상급식의 혜택을 받고 있지 못하고 있습니다. 제도권 교육기관에 적응하지 못하는 학생들에게 공교육의 기능을 제공하는 대안교육시설은 국가나 지방자치단체의 책무를 대신하는 것이기에 오히려 더 적극적으로 지원해야 한다고 생각하며 또한 시 전액지원 사업으로라도 학교의 운영을 돕고 학부모들의 부담을 경감시켜주기 위한 배려를 해야 한다고 생각하는데 이에 대한 시장님의 견해를 말씀해 주시기 바랍니다.

7. 일곱 번째 질문은 학교 운동장 인조잔디와 관련한 질문입니다.

2004년부터 본격 조성된 인조 잔디 운동장은 지속적인 관리가 필수적이며 만일 충격완화 충진제를 정기적으로 보충하지 않으면 아이들 무릎에 치명적일 수 있다고 합니다. 환경부가 제시한 인조잔디의 내구연한은 7~8년으로 알려져 있는데 관내 초 중 고등학교에 설치된 인조잔디의 설치시기 등 현황에 대해 말씀해 주시고, 내구연한이 다되어 교체해야하는 시기에 놓인 학교는 몇 군데나 되며, 수명이 다한 인조잔디를 교체하는데 수 억 원의 예산이 필요한데 이에 대한 구체적 계획을 갖고 계신지 답변 바라며 또한 인조잔디운동장 안전관리규정이 필요하다고 생각하는데 우리시에는 마련되어 있는지 답변 바랍니다.

8. 여덟 번째 질문은 교통 분야에 대한 것입니다.

마을버스에 대한 시의 관심부족은 시민의 불편으로 직결된다고 생각합니다. 대중교통의 활성화 대책을 위한 연구조사를 우리시에서는 실시해본 적이 있는지 또 연구조사 시 마을버스를 연구대상에 포함한 사례가 있는지에 대한 답변을 부탁드리며, 만일 실시한 사례가 없다면 마을버스를 포함한 연구조사를 실시함으로써 실효를 거둘 수 있는 대책 마련이 필요하다고 생각합니다. 마을버스의 운영개선을 위한 용역의 필요성이 있다고 생각합니다. 현재 우리시의 마을버스는 업체의 영세성으로 인해 자구노력만으로는 해결할 수 없는 구조적인 문제점을 안고 있어 상대적으로 부족한 안전성 쾌적성 등을 향상시키기 위한 노력이 필요합니다. 따라서 마을버스 관리감독을 맡고 있는 지방자치 단체의 적극적 지원이 필요하다고 생각하는데 이에 대한 시장님의 견해를 밝혀 주시기 바랍니다.

9. 다음은 노인 일자리 사업에 관한 질문입니다.

우리 어르신들은 자식들의 교육과 양육에 아낌없는 투자를 하다보니 정작 본인들의 노후 생활을 위한 자금을 마련하지 못한 부모들이 많은 수를 차지하고 있습니다. 요즘처럼 경제상황이 나쁜 상태에서 자식들이 있다 한들 자식도리를 못하는 경우가 많아 어르신들의 노후생활의 행복 지수는 지극히 낮다 할 것입니다. 다행히 어르신들 일자리를 개발하여 소액의 비용을 지원하고 있으나 어르신들 일자리 사업은 대부분 단순사업에 의존하고 생산성보다는 노인들에게 돈을 나눠주기 위한 소비적 형태로 운영되는 듯합니다. 따라서 지역 특성에 기반한 사업계획을 수립하여 생산성 있는 일자리창출 사업, 보다 많은 어르신들에게 사회적으로 유용한 일자리를 제공할 수 있도록 적극 발굴해야 한다고 생각합니다. 생산적인 어르신들의 일자리 발굴 노력에 대한 시장님의 견해를 말씀해 주시기 바랍니다.

10. 열 번째 마지막 질문은 사회적 경제에 관한 질문입니다.

사회적 경제는 지속가능한 지역사회를 만들어 가는데 꼭 필요한 공동체의 활동인 사회적 기업, 마을기업, 협동조합 등의 활동을 말합니다. 즉 경제적 활동을 수반하며 사회적 가치를 실현할 수 있는 경제 활동으로서 현재 우리시에는 우수한 사회적 기업이 모범적으로 운영되어 장애인들의 일자리를 만들고 수익구조도 탄탄한 기업도 있지만 타 시군에 비해 사회적 기업이나 마을기업의 수도 적고 무엇보다도 사회적 경제의 가치를 이해하고 이러한 사업을 진행하고자 하는 인력의 풀이 적다는 것이 문제입니다.

따라서 마을기업 설립 지원자 및 단체에 대한 교육, 사회적 기업 아카데미, 협동조합 개발사업 대상자 교육 등의 필요성이 있다고 생각하며 이러한 교육 프로그램을 진행하여 사회적 기업가, 마을기업가 등을 양성해 줄 것을 제안 드립니다. 또한 사회적 경제에 대한 아이디어 공모대회를 통해 우리 지역 특성에 맞는 사회적 경제 활동을 지원할 의사가 있는지에 대한 시장님의 답변을 부탁드립니다.

끝까지 경청해 주신 여러 분들께 머리 숙여 감사 올리며 남은 기간 최선을 다해 의정활동을 펼치겠다는 약속을 드리며 시정 질문을 마치겠습니다. 감사합니다.

2014년 예산심의를 마치며

2014년 예산심의는 전체적인 경제의 불황으로 인해 세수가 적어 모든 지자체들이 긴축재정을 편성해야 하는 상황이었다. 의회의 역할중 하나가 예산심의 권한인데 증액편성 권한이 없으니 불요불급한 예산을 찾아내 감액하는 것이 우리의 임무라 하겠다.

처음 의원이 되었을 때 시민들을 위해 반드시 세워야겠다고 생각한 예산이 삭감되면 너무나 속상했고 목소리 높여 열심히 예산의 타당성을 설명했지만 인정받지 못을 때는 내 분에 못 이겨 예산심의가 끝나고 난 뒤 며칠씩 앓아야 했다. 그러나 매도 맞으면 맷집이 생긴다고 했나. 삭감해야만 하는 상대의 입장을 이해하고, 지금 못한다고 세상이 무너지지 않음을 알았기에 예산 삭감에 동의해주었고 내 뜻을 관철시키지 못하더라도 다음 방법 즉, 추경을 통해 필요성이 인정되면 예산성립에 동의가 될 것이라 편하게 생각하게 되었다.

그런데 이번 2014년도 예산심의 부분 중 정말로 안타까운 예산 삭감 부분은 금난새를 총 감독으로 하는 챔버 오케스트라 예산 4억 원을 반영하지 못한 것이다. 우리시는 타 시군에 비해 면적이 협소해 제조업 등의 기업이 확산될 수 없는 곳이기에 현재 가지고 있는 동구릉이나 아차산의 고구려 유물 등을 활용한 문화 콘텐츠 발굴만이 우리시의 나아갈 방향이라 생각한다.

따라서 새로운 신성장 산업으로 우리는 문화부문에 대한 적극적인 투자와 서비스산업 부문의 다양한 콘텐츠를 만들어 나가는 차원에서 작년에 건립된 아트홀을 최대한 활용하여 문화공연 도시를 만들어야 한다고 생각한다. 현재 아트홀의 공연을 관람하기 위해 구리시민은 물론 인근 서울, 남양주 양평 가평 오산에서까지 시민들이 찾아오고 있다.

2013년 프랑스 연수기간 중 만났던 한 할머니가 한국은 잘 몰랐지만 싸이의 말춤을 추는 것을 보고 놀란 적이 있다. 싸이가 강남스타일로 프랑스 작은 마을의 할머니에게까지 대한민국을 알렸다는 것을 생각해 본다면 우리는 최고의 문화공연 시설을 갖추었다고 평가 받는 아트홀에 최고의 뮤지컬이라든가 오케스트라 공연을 유치해 구리시라는 조그마한 도시를 홍보해야 한다고 생각한다. 그런 차원에서 이번에 챔버 오케스트라 예산이 승인되지 못한 것은 큰 아쉬움으로 남는다.

12월 28일 금난새 선생님 공연은 일찌감치 표가 매진되는 성황을 보였고, 아직 시간이 많다고 생각하다 미처 표를 구하지 못한 주민들이 표를 구해달라는 전화들이 들어오고 있기에 금난새 선생님의 인기가 높다는 것을 실감할 수 있는 계기가 되었다.

이번에 챔버 오케스트라 예산이 의회에서 승인되지 못했지만 아트홀의 공연 활동이 앞으로 구리시가 문화도시가 되는데 일조할 수 있기를 희망해본다.

2013년 제2차 정례회를 마치며

어느새 6대 의회의 마지막이라 할 수 있는 2차 정례회(2013. 11.20~12.12)의 긴 여정이 끝났다. 현장방문과 예산심의는 물론 상정된 많은 안건들을 처리했다.

3년 반전, 아니 지난 2006년 도의원으로 처음 선거에 출마하는 등 정당인의 생활을 시작하다 보니 나의 모든 활동은 다 정치적 행보가 되었다. 정치현장에 대해 아무것도 모른 채 의욕만 가지고 정치판이란 곳에 발을 딛게 되면서 참으로 많은 사람들이 정치를 불신하고 있음을 감지 할 수 있었다. 정치를 하지 않겠다는 조건으로 고3 아이를 두고 캐나다로 어학연수를 떠나 7개월의 외유생활을 마치고 들어온 해가 바로 2009년 4월 말이었고 선거 분위기가 무르익어갈 때 모르쇠로 방관했으나 주변의 흔들어댐으로 인해 많은 고민을 하게 되었다.

결국 내가 시의원 비례라는 옷을 입고 시의회에 진출함과 동시에 구리시의회 역사상 처음으로 민주당이 다수당이 되는 이변 속에 의장도 차지하게 되었다. 이 과정에서 넘치는 열정으로 앞서 달려가고자 부산을 떠는 나는 이러 저런 이유로 타당 의원님들에게 고왔던 인물이 아니었지만 더욱 늘 문제를 달고 다니는 의원으로 비춰진 것 같다. 이는 모두 나의 부덕의 소치겠지만 왠지 내가 하는 일에는 매사 브레이크가 걸리는 경우가 많았다. 심지어 '위안부 문제 해결을 위한 결의문'또한 내가 발의한 때문인지 구리지역에는 위안부가 살지 않는다는 이유로 역사적인 문제까지도 거부당해야 했다. 가끔은 갈등하고 마음고생 하는 것이 싫어 다 포기하고 싶다가도 그러면 결국 나도 많은 사람들이 신뢰하지 않는 정치인의 한 사람이 결국 되는 듯 싶어 다시 맘을 다잡았다.

모 의원님은 끊임없는 나의 요구에 머리를 흔들며 '똥밭에 들어왔으면 똥을 묻혀야지 혼자 똥 안 묻히려 하니 힘든 거 아니냐?'며 위안 말씀을 하셨지만 정말 수긍할 수 없었다.

물론 그 와중에도 끊임없이 장애인복지 증진 조례, 성 평등 기본조례 제정 및 구리시 에너지기본조례를 제정하는 등의 노력을 하였다. 물론 아직도 '구리시 살기 좋은 마을 만들고 가꾸기 지원 조례'가 유보상태에 있다. 어제 오늘 맘 고생한 걸 생각하면 조례는 정말 생각하기도 싫다.

무엇보다도 나는 우리시의 다양한 위·수탁 기관들의 현장을 끊임없이 방문하여 애로사항을 청취하였고, 매 정례회 때마다 다양한 시정을 펼치는데 다양한 정책 제안들을 하기 위한 시정 질문을 한 번도 빼먹지 않았다. 특히 어려운 장애인가족지원센터 설립을 도울 수 있었던 데다 학교 공교육 정상화 차원에서 학교 교과 과정에 맞춰 초등 3학년 과정에 수영을 포함하여 우리지역 학생들이 배울 수 있는 근거를 마련해 예산편성을 한 점, 미인가 대안학교 급식비 지원 및 학교 밖 청소년지원을 위한 행 · 재정적인 토대를 마련할 수 있었던 것 등은 특히 자랑스러운 일이다.

이번 정례회 중 12월 11~12일 사이 5개의 조례를 제 · 개정하여 대표발의 하였다.

1. 구리시 자원회수 시설 내 주민편익 시설 운영 및 사용에 관한 조례 일부 개정 조례안
2. 구리시 학교밖 청소년 지원 조례안
3. 장애인 이동기기 수리 등에 관한 조례안
4. 구리시 아동보호 및 복지증진에 관한 조례안
5. 구리시 협동조합에 관한 조례안

기사 – 민경자 친환경 최우수의원 선정 되다

사단법인 한국환경정보연구센터(회장 이재성)는 전국 지방의회 의원들을 대상으로 친환경 의정활동을 평가해 광역 19명 기초 40명을 선정, 발표했다.

한국환경정보연구센터는 지난 10월부터 11월까지 전국 지방의회 의원 3,500명을 대상으로 전체 의정활동의 성실성, 심층도, 지속가능성, 실현성과 기여도 등의 가치를 평가해 선정했다.

또한 기존의 협의의 개념인 물, 공기, 쓰레기 문제를 포함하여, 기후변화, 지속가능, 에너지, 건강, 조경 등 국제적으로 통용되는 광의의 개념을 적용하여 평가했다.

구리시에서는 신동화, 민경자 의원이 선정되었으며, 전국에서 의원이 2명씩 뽑힌 지방의회는 구리시를 포함해 대전 중구, 전북 전주 지역 등 세 곳뿐으로 2명의 의원이 선정된 구리시는 환경에 대한 의원들의 관심이 높은 지역으로 꼽혔다.

이들 의원들이 선정된 공적내용은 별도의 리스트 북으로 제작되어 오는 16일 발표된다.

한편, 평가방법은 의원들이 제출한 공적서를 바탕으로 정책대안의 심층도, 지속가능성, 지역 균형발전성, 개선 실현성과 기여도로서의 가치를 평가했으며, 환경관련 조례 제정 등 직접적인 의정활동은 물론 시민들과의 소통을 위한 노력, 의정활동을 통한 실질적인 환경 개선, 성과의 중요도 등을 모두 반영했다.

구리넷 황혜경 기자 pearl257@naver.com

민경자 의원 (맨 오른쪽)

Ⅲ

7일간의 프랑스 연수

16명의 여성 지방의원들과 2013년 2월 7박9일 일정으로 프랑스 연수 길에 올랐다.
가는 곳마다 새로웠다. 도전의 연속이었다.
특히 도서관에서부터 시작하는 프랑스의 교육 정책,
시민들의 독서량을 시스템으로 보장하는 이야기,
도서관이 파리시민들이 즐겨 찾는 휴식처가 된 배경 등을 들으며 행복했다.

Ⅲ

한 순간도 눈을 뗄 수 없는 거리 풍경들

프랑스 연수 1일차

전국여성지방의원네트워크(전여네) 주관으로 16명의 여성 지방 의원들이 2013년 2월19부터 2월 27일까지 7박9일 일정으로 프랑스 연수 길에 올랐다.

의원 해외연수에 대해서는 많은 국민들이 관광성 여행이 아니냐며 부정적인 시각을 보내고 있는 것이 사실이다. 그러나 전여네 해외 연수는 사전 워크숍 및 교육 등을 통해 연수 참가자들이 많은 공부를 하는 것은 물론 연수 이후 그 결과보고서를 책으로 발간, 경험을 공유함으로써 의원연수에 대한 국민들의 부정적 견해를 깨온 모범사례로 꼽히고 있다. 또한 이번 연수의 경우 450여만 원인 연수

1월 19일 프랑스 연수 사전 2차 교육
- 협동조합에 대해

비를 350만 원에 맞추다보니 부득이 연수 참가자가 직접 밥을 해 먹어야 하는 등 경제적으로도 낭비 없는 연수로 진행됐다.

뒤늦게 전여네 해외연수에 합류한 나는 3차 사전 교육 중 2,3차 두 차례의 교육에만 참석할 수 있었다. 이에 따라 방대한 관련 자료와 관련 서적에 대한 사전 안내 등 남 보다 더 공부할 것이 많아 적지 않은 심적 부담을 느끼기도 했다. 이와 함께 타 시군의원들의 경우에는 해외연수비 180만원을 지원받았지만 우리 시는 의원 개인의 해외연수를 인정하지 않아 나는 350만원 전액을 100% 개인부담 할 수밖에 없었다. 그러나 나는 전여네 해외연수단 참여제안을 받은 것만으로도 기뻤던 것이 사실이다.

첫 날 구리에서 새벽 6시 30분 공항 리무진을 타고 인천공항으로 이동해 오전 10시15분 비행기로 출국했다. 12시간 정도를 날아가 우리나라와 8시간의 시차를 두고 있는 프랑스 파리 샤를드골

2월 19일 오전 7시 30분,
프랑스로 떠나기 앞서 인천 출국장에서.

공항에 19일 오후 2시30분경 도착했다.

입국 수속을 마치고 공항 밖으로 나오니 날씨가 너무도 화창해 우리들의 옷차림이 무색했다. 차창 밖으로 아름다운 파리의 건물들이 보였다. 유럽 여행을 처음 온 내게는 정말로 감동의 연속이었다. 한 순간도 눈을 뗄 수 없는 거리 풍경들을 보며 숙소에 도착하니 거의 오후 4시가 다 되어 가고 있었다.

숙소(동부캠프장내)를 배정 받고 방으로 들어간 우리들은 가방조차 풀 수 없는 협소한 방을 보고 깜짝 놀랐다. 서류로 받은 내용과 너무 달라 현지 담당 단장과 갈등을 겪었다. 첫 날의 일정은 모두 물거품이 되었다. 그나마 첫날 일정은 거의 파리 현장투어였기에 다행이었다. 결국 개인 당 5만원씩을 더 추가 비용을 내고 다음날 숙소를 옮기기로 합의했다. 오후 8시가 되어서야 설익은 밥과 싱거운 돼지고기 김치찌개로 늦은 식사를 하고 모두가 좁은 공간에서 불쾌한 첫날을 보내야 했다.

첫날 우리가 묵은 숙소는 모빌홈이라 불리는 곳이다. 여행을 많이 다니는 유럽 문화를 엿보게 하는 캠핑카들도 곳곳에서 눈에 띄었다. 첫날 4인 1홈은 1박 69유로(한화 10만 50원), 다음날 가기로 한 숙소는 1박 94유로(한화 13만6천300원)였다.

7일간의 프랑스 숙소 모빌홈

프랑스 파리

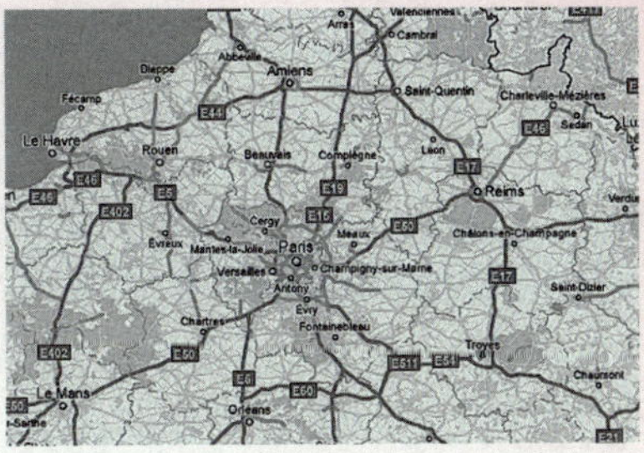

파리시(Paris) 는 프랑스의 수도로 유럽 최대의 대도시권중 하나. 면적은 105㎢이지만 파리시를 중심으로 사방으로 뻗어나간 파리 대도시권은 약 2118㎢에 이른다. 파리는 파리 분지로 알려진 비옥한 농업지역의 중앙에 있으며 일드프랑스 지방에 속한 8개주 가운데 하나라고 한다.

특징

수세기 동안 파리는 세계에서 가장 중요하고 매력적인 도시 가운데 하나였다. 상거래나 학문 · 예술 등이 활성화된 곳으로 인정받고 있으며, 이곳의 요리, 최신 유행의 복식, 미술, 문학, 지식인 사회는 특히 선망의 대상이 될 만큼 유명하다. 17, 18세기 계몽주의 시대에 얻은 '빛의 도시'(la Ville Lumiere)라는 별명은 파리가 교육과 지식 추구의 중심지로서 계속 중요성을 지녀왔기 때문이다. 파리는 프랑스뿐만 아니라 유럽 전체의 중요한 육로 · 수로의 교차점에 있어 계속 성장할 수 있었다. BC 1세기 로마 통치하에서 시테 섬에 있던 파리의 원래 장소가 파리시족의 수도 및 영토로 지정되었다. 프랑크족의 왕 클로비스는 AD 494년 갈리아인들로부터 파리를 탈취한 뒤 수도로 삼았다. 위그 카페(987~996 재위)와 카페 왕조 하에서 우위가 확립된 파리는 프랑스가 근대적인 모습을 갖춰가면서 정치 · 문화의 중심부가 되었다. 프랑스는 오래전부터 고도로 중앙집권화된 국가였으며, 파리는 강력한 중앙정부와 동일시되면서 전국의 인재와 활력을 끌어 모았다.

역사적인 파리의 3대 지역은 센 강에 의해 구분된다. 중심부에는 종교적 · 세속적 권위의 소재지인 시테 섬('시테'라는 말에는 고대 도시의 핵심이라는 의미가 내포되어 있음)이 있다. 센 강의 좌안(리브코슈)은 전통적으로 지식인들이 많이 모여 사는 곳이며, 우안(리브드루아트)에는 도시경제의 심장부가 포함되어 있다. 그러나 최근에는 이러한 구분이 희미해지고 있다. 수세기 동안 파리는 초기의 모습을 대체로 유지하면서 발달해왔다. 파리를 구성하는 20개의 구(區)에는 각각 구장(區長), 구청사, 그리고 고유의 특색이 있다. 파리인들은 이 구들을 제1 · 2 · 3 등의 번호로 지칭하는데, 번호 매김은 파리의 심장부에서 시작되어 달팽이 껍질의 소용돌이꼴로 계속 이어져 가장 동쪽에서 끝난다.

정치

시 행정과 교외의 행정 사이에는 뚜렷한 구분이 있다. 파리 시는 하나의 단일 행정단위로, 프랑스의 다른 코뮌(commune)과 마찬가지로 선거에 의해 선출된 시장과 의회가 다스린다. 교외는 크고 작은 1,200개 이상의 별개 코뮌들로 이루어져 있고, 파리 시와 함께 일드프랑스 지방을 구성한다. 면적이 약 1만 2,000km인 일드프랑스 지방은 파리 대도시권 훨씬 너머에까지 미친다. 그러므로 파리 대도시권의 도시지역은 하나의 행정적 단위가 아니며, 파리와 인접 교외들 간에도 기능 조정이 잘 되지 않을 때가 많다. 좌익 코뮌과 우익 코뮌 간의 격렬한 경쟁 때문에 세계의 다른 주요도시와 같은 형태를 갖는 통합된 도시구역을 만들지 못했다. 일드프랑스 지방은 프랑스의 22개 지방 중에서 가장 인구가 많은 곳으로 오트드센 · 센생드니 · 발드마른 · 에손 · 이블린 · 발두아즈 · 센에마른 · 파리 등 8개주(州)로 이루어진다.

1982~86년 사회주의 정부가 단행한 중앙정부로부터 지방자치체로의 권한이양 개혁 때, 다른 지역들처럼 일드프랑스 지방에도 자치권이 부여되었다. 직접선거로 선출된 의장 및 집행부를 갖춘 의회가 있고, 자체 세금을 징수할 수 있으며, 평생교육과 문화 · 관광 · 도로건설 · 도시계획 · 산업개발지원에 대해 책임을 진다. 직접 선출된 8개주의 의원들은 사회 하부구조에 관련된 여러 문제들의 관리뿐만 아니라 예산관리를 포함하여 사회복지제도의 운영을 맡고 있다. 코뮌은 도시 계획 및 건설을 관리한다. 각 주는 국가에서 임명한 주지사가, 일드프랑스 지방은 지방 지사가 감독하지만 이들의 직무 권한은 개혁 전보다 훨씬 줄어들었다.

파리 시 자체는 지역행정의 독특한 역사를 갖고 있다. 파리 시의회 의원들은 6년마다 주민들의 선거로 선출된다. 1871~1977년에 시의회는 시장 없이 주지사의 직접적인 통치를 받았기 때문에 파리는 다른 도시보다 자치권이 적었다. 1789, 1848, 1871년의 폭동에 과민했던 중앙정부는 파리 주민들이 권한을 갖지 않기를 원했다. 그러나 1975년에 통과된 법령으로 다시 시의원들이 자체적으로 시장을 선출할 수 있게 되었다. 현재 시장은 프랑스의 다른 도시 시장들과 같은 지위와 권한을 갖고 있다. 최초의 시장 선거는 1977년에 있었다. 1982년 도입된 구(區) 체계에 따라 20개의 구가 각각 구장과 구의회를 갖게 되었지만 이 체계는 실제적으로 그리 효과적이지 않음이 드러났고, 실제 권한은 파리 시장에게 있다.

주민

1850년 파리에는 60만 명이 살고 있었으나 그 후 공업발달로 지방으로부터 끊임없이 이주민이 몰려들면서 인구가 급속히 증가했다. 1870년에 100만 명을 넘어선 인구는 1931년에 이르러 이 대도시권에서 약 500만 명에 이르렀으며, 그중 절반 이상이 옛 성문 내의 행정도시인 파리 시에 거주했다. 제2차 세계대전 이후 이 같은 인구성장이 지속되었고, 20세기말에 이르러 대도시권의 인구가 약 1,000만 명이 되었다. 그러나 파리 시 자체의 인구는 꾸준히 감소하여 4명 중 3명 이상이 현재 교외시역에 살고 있다. 이 변화는 대대적인 신주택 건설로 인구밀도가 줄어든 것이 일부 원인이었지만, 그래도 인구밀도는 지금까지 북유럽 평균보다 매우 높다. 많은 가구가 교외의 넓고 새로운 집들로 이사를 했으며, 그 결과 파리 시에는 노령인구와 혼자 사는 사람들만 남게 되었다. 파리 시 전체 가구의 거의 절반이 한 사람으로 이루어져 있다.

본토박이 파리인들이 타지방 출신 이주자들보다 수적으로 열세하며, 따라서 많은 상점 · 식당 · 지역 등이 지방적 특색을 가지고 있다. 예를 들어 프랑스 중부 주(州)인 아베롱주보다 파리에 살고 있는 아베롱인들이 더 많다고 알려져 있다. 주민의 대부분은 명목상 로마 가톨릭교도이지만 규칙적으로 미사에 참여하고 있는 사람은 소수에 불과하다. 외국인이 계속 증가하여 현재는 전체주민의 거의 1/5을 차지한다. 그중 알제리 · 모로코 · 튀니지에서 온 이슬람교 아랍인들이 다수를 이룬다. 일반적으로 북아프리카인들은 빈민지역의 열악한 주택에 기거하며, 사회적으로 천하게 여겨지는 직업에 종사하고 있다. 때로는 아랍인들과 본토박이 프랑스인들 간에 인종적 긴장과 갈등이 발생하기도 한다. 상당수의 흑인들은 주로 카리브 해의 프랑스령인 마르티니크와 과들루프로부터 온 이주자들이며, 이슬람교도들보다 더 나은 직업과 거주조건을 갖고 있다.

오래전부터 파리에 정착한 유대인 공동체가 집중되어 있는 마레 소구의 로지에르가에는 유대교 예배당, 유대교 규정에 따른 적법(適法)의 식품을 판매하는 가게, 히브리어 책을 파는 서점 등이 있다. 1980년대에 파리에서 반(反)유대주의가 부활된 것은 보다 광범위한 유럽적인 현상이 반영된 것이었다. 20세기 초반 파리는 미국의 어니스트 헤밍웨이, 아일랜드의 제임스 조이스, 스페인의 파블로 피카소, 이탈리아의 아메데오 모딜리아니 등 국적을 버린 작가와 예술가들로부터 사랑을 받았다.

바뇨시 여성 시장을 만나다

프랑스 연수 2일차

둘째날, 우리는 바뇨시를 방문했다.

바뇨(Bagneux)시는 일드프랑스(Ile-de-France) 헤지옹 오뜨쎈(Hauts-de-Seine) 데빡트멍에 위치한 꼬뮌으로 세느강 남부 중 도시공동체에 속해 있다. 주민 수는 약 3만9000명이고 인구밀도는 8,882명/㎢이다.

우리는 바뇨시청에 도착해 여성시장인 마히 엘렌 아미아블(Marie Hepene AMIABLE)과 시의원 무르드 안다드(Mouloud HADDAD), 베흐나드흐 대비드(Besnadehe DAVID), 데핀나 봐힌(Dephhine WARIN)과 리지안 알레자(Lysiane Alezard)

바뇨시 비서실장을 만났다.

프랑스는 지방의회의 경우, 남녀 동등법에 의해 여성 대 남성 의원 비율이 50:50이다. 그러나 지방단체장의 경우, 여성지자체장이 꼬뮌에서는 13% 정도에 불과하다고 한다. 상하원의 여성 비율도 20%밖에 되지 않는다. 바뇨시의 경우는 여성시장이라 보좌관, 부시장 등을 여성중심으로 구성해 행정적 중요 역할을 여성들이 하고 있다고 한다. 남녀공무원 수도 여자가 절반이상이며 여성고위직의 선택이 가능하다. 이민자가 다수이며, 노동자가 다수인 바뇨시의 여성시장은 주민의 삶을 뒷받침하는 공공서비스에 중점을 두고, 소득 수준에 차등을 두어 문화 스포츠 시설을 모두가 이용할 수 있게 하고 있다고 한다. 여성시장의 당적은 프랑스 공산당이다.

프랑스의 이민자 정책은 국가정책으로 저임금 노동자를 위해 시행되었다. 10년 전부터는 이민정책에 변화가 시작되었는데 경제위기, 재정확보 문제로 더 이상 이민자를 받지 않는다고 한다. 오히려 2012년에는 강제 추방 정책으로 2만 명 정도를 내보냈다고 한다.

프랑스는 우리처럼 집행부와 시의회가 기관 대립형이 아니어서 시의원들 중에서 시장이 나오고 의장이 되며, 제1부시장, 제2 부시장 하는 식으로 역할들을 맡는다. 시의원 임기는 6년이며 39명이나 되는 바뇨시의 시의원들은 급료가 적기에 대부분 겸직을 하고 있다. 집행부 역할을 하는 6~7명의 시의원을 빼고는 급료가 없어 평소 직장을 다니다가 저녁이나 필요한 일이 있을 때 나와 일을 한다고 한다. 아마도 우리네 주민자치위원 정도가 아닌가 싶다. 특히 시의원과 도의원을 동시에 겸직 할수도 있다는 얘기는 좀 이해 안가는 부분이었다.

프랑스는 세금을 많이 걷는 대신 연금제도가 잘 되어 있어 노인일자리 정책들은 없었다. 그러나 프랑스도 예외가 아니어서 최근 실업률이 증가하면서 연금시스템이 불안하다고 말들이 제기되고 있단다. 60세 퇴직 후 연금 지급하던 것을 62세로 올리자 반발이 있었다. 현재는 노령화에 따라 연금지급 시기를 65세로 조정할 예정이라고 한다. 즉 40년간 일해야 퇴직금을 제대로 받을 수 있으며 연금은 65세부터 남녀 동등 800유로(120만원)라고 한다. 실업률 증가로 연금이 낮아지자 추가 일자리를 찾는 희망자들이 늘어나고 있다고 한다.

노인정책으로는 사회활동센터(전주민 이용)에서 급식을 집까지 배달하며, 의료진이 가정을 방문하고, 청소 등의 노인서비스를 제공한다고 한다.

바뇨시 부시장이기도한 여성 시의원 베흐나드흐 대비드는 2008년 당선 이후 유치원과 유아원 많이 만들기, 급식의 질에 관한 정책 등에 관심을 갖고 소득수준에 따라 급식비용에 차등을 두고 지원하였다고 소개했다. 친환경급식을 위해 로컬 후드(local food: 근거리에서 신선한 재료 공급) 정책을 펼치며 특히 새로운 급식실을 지원하고 있는데, 급식실은 학교가 아닌 시에서 건물을 지어 지원하고 있다. (7일차에 공공급식소 시헤스코 방문) 또 재능은 있지만 경제적 어려움이 있는 아동들을 위해 최소 1회 10일 동안 외국에서 악기 문화교육을 받을 수 있게 지원하는 제도가 있다고 자랑했다.

한 남성 시의원의 말이 인상적이었다.

"우리는 지방의원 이기 전에 시민이며 주인이다. 따라서 우리가 어떻게 활동해야 하는가를 늘 생각해야 한다."

바뇨시 의원들과의 간담회를 마친 후 장애인협회에서 운영하는 사회적 기업인 식당을 방문했다. 그곳의 운영자를 만나 자세한 설명을 듣고 프랑스식 점심 식사를 했다.

홀렁 크홉(Roland KROB) CISP 사회직업동화센터대표(점심식사레스토랑 운영하는 센터)는 "이 식당은 창고를 식당으로 개조하여 30년째 운영하고 있으며, 주거 공간도 있어 일하는 사람들의 거주와 휴식을 돕고 있다"고 소개했다. 장애인들이 요리 및 서빙을 함으로써 장애인 일자리센터 역할을 하고 있단다. 시의 동의로 장애인들의 쉼터를 시 중심에 이렇게 둘 수 있었다고 덧붙였다. 이 가게의 또 다른 특징은 가격이 저렴한 것이라고 말했다.

여성 바뇨시장은 바뇨시가 프랑스 외곽지역에 위치한데다 이주민들이 많다보니 문화적으로 소외받는 사람들이 많아 아동, 청소년 정책에 관심을 두고 문화센터를 많이 만들어 놓았다고 한다. 그런데 아이들이 오지 않았다고 한다. 그래서 메디아 데크라는 찾아가는 예술 그룹을 만들어 악기를 가지고 찾아가서 가르치는 문화정책을 펼쳤다고 한다. 찾아가는 교육 문화정책은 대성공이었다는 것. 이 시장의 경험담을 들으면서 이것이 바로 여성정치인의 마인드가 아닌가 하는 생각이 들었다.

문화예술 부문은 잘 몰라서 좋아하지 못하고, 돈이 없으니 배울 기회도 갖지 못해 즐기지 못한다고 생각한다. 2013년 만들어진 우리 구리시의 아트홀은 질 높은 공연 유치와 문화소외계층을 배려하는 제도들이 잘 만들어져 있다. 구리시민들이 저렴한 비용으로 폭넓은 문화를 접할 수 있는 기회를 더 많이 제공하여 지역민의 문화 수준을 높여야겠다는 생각을 했다.

프랑스 정치의 심장부 '상원의회 세나(Senat)'

파리 연수 2일차 오후

오후 5시에는 상원의회인 세나를 방문하여 대표적인 여성 상원 의원인 미셸 엉드헤(Michele ANDRE)를 만나 간담회를 가질 수 있었다.

미셸 엉드헤(Michele ANDRE) 약력

- 2001~ 상원의원(퓌드돔)
- 2008~2011 상원 여성권 · 양성기회평등심의회 대표
- 2004~2008 상원재정위원회 부대표
- 2001~2004 퓌드돔데빡트멍(도의회)부의장
- 1992~1998 오베흐뉴헤지옹(광역도)의원
- 1988~2991 여성권 · 양성기회평등담당 국무장관
- 1983~2001 클레흐몽페헝 부시장
- 1981~1983 오베흐뉴 여성권리 헤지옹(광역도)대표

미셸 엉드헤는 30년 이상 여성운동과 여성의 권익을 위해 노력한 정치인으로 상원의회 부대표로 여성부장관을 역임했다. 여성들의 정치 참여를 위해 선거제도를 바꾸는 등 여성의 정치 참여를 제도적으로 보장하기 위해 많은 힘을 기울인 분이다.

그녀는 프랑스에도 아직까지 가정과 지자체에서의 성평등 문제가 여전하다며 프랑스가 결코 양성평등의 좋은 나라인 것은 아니라고 평가했다. 현재 상원에는 22%, 하원에는 27%만이 여성이며 프랑스 선거제도의 변화가 있었지만 여성의원 진출에는 여전히 어려움이 있다고 한다.

그녀는 남녀동수의 명부식 비례대표제와 대기업의 임원 40%를 여성에게 주는 여성 할당제 법안을 발의했다. 그녀는 명부식 비례대표제가 중요하며 1980년부터 시작한 여성권리운동 등 20~30년간의 노력이 이제야 빛을 내고 있다고 했다. 코뮌과 헤지옹(기초, 광역의회) 비례제인 50:50은 처음에 남성의원들의 많은 저항을 받았다고 소개했다. 우리나라와 같이 프랑스 남성들의 의식 속에도 여성들은 집에서 집안일이나 돌봐야 한다는 의식들이 자리 잡고 있었다는 것. 그러기에 가정에서부터 성평등을 이루는 노력을 해야 했다고 설명했다. 낙태가 허용되고 아이 수 제한이 가능해졌고, 보육차원 운동에 노력을 기울여 여성의 활동을 지원할 수 있게 되었다고 한다. 여성부와 보육부에서는 학교 내에 아이들의 휴식공간을 만드는 노력을 했다. (현재 우리나라 초등학교에서 하는 방과 후 보육시스템 같은 것으로 보인다.)

독거노인 중 특히 여성노인이 더 어려운 생활을 하고 있어 여성의 경제적 자립이 중요하게 생각되었고 정치, 여성에 대한 공약을 여성부에서 실시하도록 했다. 300여 개의 직업 중 여성이 참여하는 직업군이 30개 정도밖에 되지 않아 그녀가 여성부장관시절 여성의 직장, 직업 개수 확대와 인식 개선을 위해 노력했다고 한다.

여성의 권리존중을 위해 끊임없는 노력과 활동이 필요했으며 성평등을 위해 시민의 의식변화가 필요했단다. 또한 그녀는 고위직에 여성의 수 확대의 필요성을 끊임없이 제기했다. 특히 많은 기업의 반발과 우려가 있었지만 대기업내의 여성고위직 40% 확대를 실현했다. 그녀는 여성권리를 위한 여성의원들의 활동을 마라톤에 비유한다. 늦더라고 골인 지점까지 가자는 것이다. 기업주 노조에서 여성대표들조차 여성고위직 40% 확대에 달가워하지 않았다며 여성고위직 확대문제는 의무조항으로 만들지 않으면 실현이 어려웠을 것이라고 털어놨다. 이러한 여성문제는 아마 전 세계적으로 동일한 듯하다.

프랑스 지자체 제도 중 데빡트멍에는 여성의원 비율이 12% 밖에 되지 않아 하원에서 남:녀비 50:50을 논의 중이란다. 또 정치적 논리로 여성들의 권한을 한 분야에 한정지어서는 안 된다며 의식개혁운동을 전개한 결과 유모차 미는 남자, 아이와 놀아주는 남자들이 보이는 등 이제 생활 속의 모습이 바뀌어 가고 있다는 것이다.

여성의 문제는 인간의 존엄성 문제이기도 하기에 집중적으로 여성문제에 관심을 갖는 것이 당연하며 의회 내의 여성위원회는 여성의 힘과 열정이 넘친다는 말씀을 하며 다음과 같은 마무리 말을 했다.

"우리 여성들은 지금 당장 실현가능한 쉬운 분야보다 어려운 분야를 먼저 말해 시간을 벌 필요가 있다. 미테랑 대통령 시대(1975년)에 당내에서는 여성권에 대해 협약서를 만들었는데 1. 경제적 자립: 직업, 임금의 차별화폐지 2. 존엄성: 낙태허용, 폭력 성차별 방지 3. 평등한 시민권을 넣었지만 아직까지 제대로 실현이 안 되며 2020년이나 가능하지 않을까 예측한다."

당 내부에서는 공천 시, 여성 20% 할당제를 한 번도 철회하지 않았다. 88년 여성장관이 6명이 되었지만 주요부처 장관직은 아니었다. 하지만 현재는 재정, 국방 등에서 여성이 장관직을 수행하고 있다고 소개했다. 여성의 권익증진이라는 목적을 향해 끝까지 노력해야 하며, 혼자서는 안 된다며 연대활동의 중요성을 강조했다.

특히 여성의원들은 여성들의 권리발전을 위해 끊임없이 노력해야하며, 코레지의 여성처럼 책상에 앉아 있는 것보다 현장에서 뛰는 사람이 되어야 한다며 간담회 시간을 마무리 지었다.

그녀에게 우리 구리시의회의 방문 기념품인 천년이 가도 썩지 않는다는 장인의 숟가락 세트를 선물하고 상원재정위원회 소속 고위 공무원의 안내로 상원 내부를 견학했다.

왕궁으로 쓰였던 곳이라 너무나 아름다운 내부의 장식들과 외벽, 주변 정원들의 모습에 한껏 심취했다. 또 때마침 회기 중이라 잠깐 방청석에서 의원들의 법안 설명 장면을 관람하기도 했다. 본회의장은 아쉽게도 사진을 찍을 수 없었기에 그 모습은 지금 내 마음속에만 살아 있다.

우리나라의 대학입시나 공무원 시험, 각종 고시에서의 여성 합격률은 50%에 육박하나 2011년 기준 여성임원 비율은 1.48%, 여성 중간관리자 비율은 5.38%에 그치고 있다. 우리나라 여성 국회의원 비율은 국제의원 연맹 (FIU) 190개 국 중 105위이다. 국회의원 300명중 여성의원은 47명이며, 47명 중 지역구의원은 19명, 비례대표는 28명이다.

프랑스의 상원의회 세나에서 미셸 엉드헤의 “책상이 아닌 현장을 뛰어야 한다”는 말씀을 새기며 여성들의 인권을 위해 어떠한 경우에도 포기하지 않는 자세를 지녀야겠다고 다짐했다. 또 헌정사상 처음으로 여성 대통령이 당선되었지만 각료 구성이 달라지지 않았다는 점에서 여성의 권익을 위한 제도적 보장을 만들어 내는 일이 반드시 수반되어야 한다고 생각한다.

상원의회 세나(Senat)

프랑스 정치의 심장부인 상원의회 세나(Senat)는 프랑스의 입법기관으로 정부의 정책을 심의하고 의결하는 기관이다. 양원제를 채택하고 있는 프랑스의 의회는 하원의회 아썽블레나쇼날(Assemblee nationale)과 상원의회 세나로 이루어져 있다. 지금의 프랑스 상원은 집정정부시대(1799~1804) 때에도 상원의 지위를 누리며 나폴레옹 보나파르트의 임시정부를 지원하는 역할도 했다.

세나는 1615년 앙리4세의 제2왕비 마리 드 메디시스가 건축한 룩셈부르크궁전 건물에 자리하고 있다. 17세기에 외관과 외벽건축공사를 시작해 19세기에 내부건축이 완공된 룩셈부르크궁전은 1789년 프랑스대혁명까지 왕궁으로 이용됐다가 대혁명 당시에는 감옥으로 이용되기도 했다. 1799년부터 세나가 이곳에 자리 잡았고 2차 세계대전 동안에는 독일군사령부로도 이용됐다. 세나의 정원인 룩셈부르크공원은 파리에서 가장 아름다운 공원으로 꼽힌다. 의회 앞마당을 시민들에게 제공하지만 세나는 외부인의 출입을 허용하지 않는다.

사회적 비즈니스 모델 '에스파스'를 방문하다

프랑스 연수 3일차

연수 3일째인 오늘은 사회적기업과 환경운동을 접목한 에스파스(Espaces)라는 단체를 방문했다. 우리나라와 10년째 관계를 맺어오고 있고, 얼마 전 박원순 서울시장이 다녀갔다는 신문기사가 입구에 전시되어 있었다.

나는 사회사업과 결합한 사회적 비즈니스라는 에스파스의 정체성이 궁금했다. 매우 쌀쌀한 이른 날씨였지만 테크닉 도시 생태 디렉터라는 직함을 가진 알렉산드로불프가 따뜻하게 우리 일행을 맞이해 주었다.

1995년 설립된 에스파스는 환경운동과 사회서비스 사업을 목적으로 세느강 주변 환경 정비 사업에 르노 자동차 공장 이전에 따른 실직자 등을 참여시켜 이들을 환경파수꾼으로 성장시키며 세느강을 친환경적인 생태문화공간으로 조성했다 한다.

에스파스는 노숙자, 사회적으로 적응하지 못하는 사람들에게 교육을 통해 강둑청소와 인도정비, 생태공원 조성 등의 일자리를 제공함으로써 사회적응을 유도하고 현장 관리하는 일, 일자리창출, 교육이 첫 번째 하는 일이고 두 번째는 도시 내에 생태계 공간을 조성하고, 도시 안에서 녹색공간을 보호하는 활동을 통해 주민들과 함께 에스파스의 활동 내용을 공유하는 것으로 에스파스라는 명칭은 단순한 공간이 아닌 주민들을 위한 공간을 뜻하는 게 아닌가 싶었다.

현재 에스파스는 도시생태조성관련 사업에 주력하며 물경영과 관련한 연구자료, 보고서 등을 만들어 물오염, 식수공급, 상수도문제 등 다양한 문제들을 여론화시켜 사회의제로 만들고 이것을 해결하는 방안을 찾기도 한다고 한다. 에스파스는 어떤 활동을 형식적으로 하는 게 아니라 하나를 하더라도 그 의미와 목적과 진행상황을 사람들과 공유하는 것을 매우 중시하는 과정이 우리와는 다르다고 생각되었다

에스파스의 연 재정은 도, 지방, 코뮨 등 공공 부문에서 조달하고 매출 등 사적 영역에서 재단과 은행 등 기부로 충당한다. 그리고 사업별로 사안별로 구, 지자체, 공공기관, 기업 등으로 공동재정을 마련해 운영하고 있다고 한다.

특히 공동재정을 운영해 성과로 뽑히는 것이 파리 일드프랑스 옆의 버려진 철길을 생태 공원으로 바꾼 사업이라 한다. 우리는 바람 불고 추운 날씨였지만 그 현장을 따라서 걸으며 그 과정과 성과에 대해 많은 이야기를 나누었다. 의원들의 기록모습과 녹취모습은 함께한 의원님들의 열정을 충분히 느낄 수 있는 시간이었다. 이곳을 시장논리로만 본다면 이루지 못할 사업이었지만 헤지옹의 지원과 함께 생태계 보존의 연구 활동도 재정지원을 받아 사회적으로 여론화와 지속적인 전문가들과의 세미나를 통해 앞으로 나아갈 방향에 대해 주민들과 대화하고 토론과정을 거쳐 자연 그대로의 아름다운 녹지공간을 확보할 수 있었다는 점에 대해 부러움과 에스파스의 활동가들에게 존경심이 느껴졌다.

디렉터 알렉산드로불프는 "돈이 얼마나 들었는지, 돈을 얼마나 버는지 묻지 않으세요?" 눈을 찡긋하며 묻는다. 물론, 농담이다.아마 이전에 에스파스의 성공 사례를 견학하러 온 우리나라의 시찰단들이 비용, 규모 등 경제적 효과를 주로 물었던 탓이리라.

에스파스는 사람을 변화시키는 일을 한다고 한다. 일을 못해서, 일 할 기회가 없어서 일하는 법을 모르거나 잊은 사람들에게 일 할 수 있게 해주는 곳이다.

의회에서 '안전한 우리 동네 만들기'란 주제로 관내 초등학교 어머니들과 지역 사회단체들을 초대해 간담회를 개최한 적이 있는데 동료의원들의 경우 형식적 인사만을 위해 참여할 뿐 함께 논의하고

에스파스(Espaces)

에스파스는 강둑 청소, 인도 정리, 생태공원 조성사업을 노숙인 등 사회적 약자에게 맡겨서 일자리를 창출하는 기업이다. 단순히 일자리만 제공하는 것이 아니라 목수 · 식목 · 가로수 정비 등 직업교육을 함께 제공해서 향후 더 좋은 일자리를 가질 수 있도록 지원해주는 것이 특징이다. 또한, 정신 · 육체적으로 어려움을 겪고 있는 노숙자에게는 약물 치료, 정신과 상담 등 자활 프로그램도 제공하고 있다.

알렉상드흐 볼프(Alexandre WOLFF) 테크닉-도시생태디렉터

고민하는 자리를 만드는 것에는 낯설어 하고 특히 일부 타당 의원은 빈정거리기까지 했던 기억이 난다. 우리는 언제쯤 시민과 공무원, 그리고 의원이 한 자리에서 토론이라는 이름으로 의사를 개진 공유하며 더 나은 방향을 모색할 수 있을까 답답한 마음으로 인사를 하고 디렉터와 헤어진 후 프랑스 시청 간담회를 위해 자리를 옮겼다.

국민들의 집 '파리 시청'을 가다

다음으로 1800년대의 건축물인 파리시청을 견학하였다. 오후 2시에 간담회가 예정되어 있었지만 시의원의 개인사정으로 취소되어 대신 그곳 안내 공무원의 친절한 설명을 들으며 내부를 돌아보았다. 내부 곳곳에는 다양한 그림과 조각 작품, 가구, 화려한 샹들리에가 설치되어 회색벽 일색인 우리나라의 관청과는 비교해 볼 엄두조차 내지 못했다. 나는 청사가 또 하나의 멋진 미술관 이란 생각에 놀라움을 금치 못했고 그림과 조각품들을 통해 프랑스의 역사를 생생하게 접하는 귀한 시간이 되었다.

국민들의 집이라 칭하는 파리시청은 1357년부터 프랑스 수도 파리의 행정을 담당하고 있다. 16~19세기 신르네상스 양식으로 건축된 파리시청은 1871년 파리코뮌 때 화재로 전소되었고 1882년에 원 모습 그대로 복원되었다. 시청앞 광장은 여름에는 파리 플라쥬(인공해변), 겨울에는 스케이트장처럼 시민들을 위한 여가와 휴식 공간으로 이용되고 있다. 시청건물 일부에는 상설전시회장이 마련되어 시민들을 위한 문화공간으로 활용되고 있다. 이곳은 미관이 아름답기로 유명한 관광명소이기도 하다.

너무나 화려하고 웅장한 크기의 작품들을 카메라에도 다 담을 수 없는 아쉬움을 안고 오후 3시20분이 되어서야 겨우 차안에서 차가운 볶음밥을 따뜻한 물 한잔 없이 점심으로 먹고 오후 4시 동등감시소 간담회를 위해 이동했다.

양성평등정책 집행기관 '동등감시소'

지난 2002년 파리 시장 산하로 창설되어 양성평등정책을 집행하고 있는 동등감시소를 찾았다. 이곳은 화려한 파리시청사가 아니라 낡은 창고 건물 같은 곳을 지난 곳에 위치해 있는데다 규모마저 다소 작아 처음에는 무척 실망스러웠다. 그러나 참석자들은 이것이 세계 여성들의 사회적 지위가 아닌가 싶은 생각을 하며 1시간 예정인 간담회를 시간을 연장해가면서까지 배우려는 넘치는 의지를 보였다.

동등감시소는 일상의 각 영역에서 여성들이 남성들과 마찬가지로 더 나은 삶을 영위할 수 있도록 돕는 것을 목표로 하고 있다. 이를 위해 사회적인 문제, 고용, 직업교육의 평등, 가족, 문화, 교통 등이 포함되며 행정에 있어서도 남녀의 기회평등이 이루어지는데 노력하고 있다. 또한 각 협회에 보조금을 지원해 성폭력, 여성노동자, 성매매와 관련한 활동을 전개하며 이에 대해 매년보고서를 발간하고 있다.

부시장격인 이달고 동등감시소 소장은 "파리시민들의 삶 속에서 진정한 양성평등이 이루어져야 한다고 생각하며 여성들의 양적인 수의 확대가 아니라 역할을 하는 수가 늘어나야 한다."고 말했다.

간담회중 우리는 여성에 대한 폭력은 국가, 인종, 계층에 상관없이 이루어지고 있다는 사실을 확인했다. '자유와 평등'의 나라라고 하는 프랑스에서도 2012년에는 약 120명이 남편에 의해 살해되었고 파리경찰청 자료에 의하면 2011년에는 4,000명이 남편의 폭력을 신고하는 등 전국적으로 10명중 1명이 폭력을 당하고 있다고 했다. 그러나 신고 된 숫자는 전체 발생건수의 8%에 불과한 것 일 뿐이기에 파리동등감시소는 나머지 92%가 자신의 처한 현실을 얘기할 수 있는 공간과 제도를 마련하기 위해 노력하고 있다고 했다. 프랑스는 결혼보다 동거 커플이 더 많은 바 동거커플의 폭력이 증가하고 있고 최근 파리시에서는 이민자여성들의 성매매와 청소년들의 성매매 연령이 점점 낮아지고 있다고 한다. 우리는 이같은 안타까운 애기를 접하며 우리가 동경하는 파리에서 조차 여성에 대한 폭력이 예외 없다는 사실에 놀랍기만 했다. 여성의원으로서 우리는 정치현장에서 아직도 소수자로 활동에 어려움이 많다. 여성이라는 정체성을 가지고 우리는 의원이 되었기에 우리는 어떤 가치로 무슨 일을 할 것인가를 고민하는 시간이 되었고 또 다른 도전의식과 의지를 다짐 하는 시간이 되었다.

동등감시소(Observatoire de l'egalite de Paris)

시장산하기구로 2002년에 파리시의 성평등강화를 목적으로 창설되었다. 여성들의 사회적 문제, 고용, 직업교육의 평등, 가족, 문화, 교통 등 일상의 다양한 분야에서 성평등 실현을 위한 활동을 한다. 파리행정에서 남녀의 기회평등이 이루어지는데 힘쓰며 특히 정치적 분야에서의 남녀동수를 확보하는 것에 주력하고 있다. 파리여성들의 권리보장, 여성들의 직업교육 및 고용의 평등을 이루기 위한 지원, 파리 여성단체후원, 협력을 추진하고 있다. 주요활동으로는 여성들의 고용, 폭력방지 정책, 성매매관련 정책, 세계 여성의 날 행사 등을 진행한다.

뤼씰 베흐텅(Lucile BERTIN)
동등감시소책임자

동등감시소를 나와 잠깐 동안 파리시청의 외관을 감상하고 시청 앞 스케이트장을 둘러본 후 예술가의 집이라는 '호베흐의 집'을 방문했다.

예술가들의 집 '호베흐의 집'

공간점거운동의 상징이기도 한 호베흐의 집 (chez Robert)은 지난 1999년 스커트 운동이라고 해서 생존권에 대한 투쟁으로 유럽에서 빈집을 점거하는 운동이 일어나고 있을 때 세 명의 예술가들이 파리의 중심가인 리볼 리가 59번지인 이집의 문을 뜯고 들어와 점거하게 되었다. 처음에는 프랑스 사회도 불법이라며 나갈 것을 종용하는 등 인정을 하지 않았지만 이곳을 점거한 예술인들이 퇴락하는 장소에 새로운 활기를 불어 넣어 창조적인 전시공간을 조성하며 언론과 미디어와 소통해 대안문화에 대한 정책을 실험한다는 목적을 제시하며 변호인단의 도움으로 유예기간을 얻어 아틀리에운동을 전개해 나갈 수 있었다.

이후 2005년 좌파 파리시장이 당선되면서 호베의 집에 적극적이고 긍정적인 태도로 인해 협회로 탄생, 예술가들이 활동하는 공간으로 인정을 받게 되었다 한다. 특히 공익성을 위해 월요일을 제외하고 1주일의 6일을 외부시민들을 위해 개방해야 하며 주거공간은 없애고, 교육과 작업실로만 이용해야 한다는 조건과 안전문제

로 재공사를 위해 2~3년간 문을 닫았다고 한다. 현재 재공사후 문을 연지는 2년 정도 되어가고 있고 이 예술 공간에서는 다양한 연령층, 다양한 출신의 작가 30명이 활동하고 있으며 프랑스문화성의 발표에 따르면 전 세계에서 연간 4만명의 사람들이 이 공간을 방문한다고 한다. 유일하게 파리 중심부에 있다는 장점이 있으며, 파리시로부터의 재정적 지원은 없으며 한 예술가당 한 달에 130유로씩 개인이 지불한다고 한다. 결국 이 건물에 대해 파리시가 매입하여 예술가들에게 세를 준 것이라 보여진다.

안내데스크의 멋진 남성 또한 작가로 끝까지 열심히 설명을 해주었고 작가들의 다양한 그림 세계를 여행하고 나왔다. 특히 계단과 벽면, 심지어 천정까지 표현된 다양한 그림의 세계를 볼 수 있었다.

지방의원전문 연수교육기관을 찾다

프랑스 연수 4일차 -시데프

프랑스 연수 4일째에는 프랑스 지방의원전문 연수교육기관인 시데프(CIDEFF)를 방문했다.

시데프는 프랑스의 진보적 지방의원들이 수 십 년에 걸쳐 요구한 끝에 1980년 설립된 단체로 지방의원의 업무지원뿐만 아니라 지방당국의 시민활동가, 단체, 노동조합, 연구자들에 대한 교육 훈련과 정보를 제공, 지원하는 것을 목표로 한다고 한다. 30여 년 간의 경험을 토대로 지방의원들에게 효율적이고 유용한 기관으로 역할을 하고 있다고 한다. 특히 지난 1992년 '지방의원들이 교육받을 권리에 관한 법안'을 통과시켜 제도화시켰다는 것이 특징이며 공무원들

간담회 씨데프측 참가자

이브헤미(Yves Remy) 시데프디렉터
마힌 말베그 갈로트(Marine Malberg Gallotte) 시데프대외협력-교육프로그램담당
졍 막 데샹(Jean-Marc Deschamps) 시데프국제담당
제느바 케이타(Djeneba Keeta) 일드프랑스헤지옹(광역도)의원, 위베흐틴 오클레흐 양성평등센터 대표
노하 상갈(Nora St-Gal) 퐁트네수부와(Fontenay-sous-bois)부시장격 시의원, 여성권 · 성평등담당
안 고다흐(Anne Godard) 여성연대 퐁트네수부와(Fontenay-sous-bois)지부 대표

이 운영하는 것이 아니라 지방의원들이 스스로 학습과 토론을 조직하고 상호교류와 협력을 통해 운영하며 공동으로 혁신적인 연대를 하는 공간이라는 점이 특징이다.

이날 세미나에는 시데프측의 시데프 디렉터, 광역의원, 부시장을 맡고 있는 시의원, 여성연대 지부 대표, 시데프 대외협력 교육프로 담당자 2명 등 모두 6명이 함께 했다.

이날 만남에서는 프랑스지방자치단체의 성평등정책, 성평등을 위한 유럽헌장, 성(性)과 발전, 성평등협력계획 경험, 성차별반대

시데프(Centre d'Information, de Documentation, d'Etude et de Formation des Elus)

시데프는 의원정보자료연구교육센터, 지방의원교육전문기관승인을 하는 비영리협회다. 파리 근교 몽트호이(Montreuil)에 본부를 두고 있으며 전국적으로 60개 지부를 두고 있다. 이사회(2012년 10월 기준)는 26명(대표1인, 부대표 3인, 유럽지방의원네트워크대표 등)으로 구성되어 있으며, 학술위원회, 자문위원회, 이사회로 구성되어 있다. 연간교육프로그램운영은 정기적으로 주간지 레트흐뒤시데프, 법률전문지 꺄이에뒤시데프를 발행하고 을뤼넷(사이트) 등을 운영하고 있다.

교육, 세계여성의 날의 도구화와 성평등, 프랑스여성권의 현황과 검토, 아프리카를 비롯한 다양한 대륙에서의 경험 등에 대한 토론을 했는데, 한국 측에서는 '한국 여성대표성 제고 정책 현황'에 대해 광주광역시 홍인화의원이 발제를 하고, 시데프쪽에서는 광역의원과, 부시장격인 시의원, 여성연대대표(작가)가 발제를 했다. 특히 동화책을 통해 어려서부터 성평등에 관한 교육을 한다는 점이 크게 다가왔다.

파리에서 우리나라 도서관을 생각하다

프랑스 연수 4일차 -파리시립도서관

시데프를 나오니 쌀쌀한 날씨가 계속되어 차가운 바람이 옷 속으로 스며들었었다. 차안에서 유부초밥으로 점심을 때운 우리는 약 30여 분간 오페라역 부근을 도보로 관광하고 오후 3시경 시립도서관을 방문했다.

프랑스시민들을 위한 파리시의 주요 정책적 결과물의 하나인 파리시립도서관은 쇼핑몰처럼 유리벽으로 만들어진 건축물로 파리에서 규모가 가장 크다고 했다. 많은 여성의원들이 도서관 활동에 대한 남다른 관심들을 가진 탓인지 2시간이 넘는 간담회와 시설견학에도 질문을 다하지 못해 아쉬워하였다. 이러한 아쉬움은 물론 관

파리시립도서관

장님(크리스틴 뻬끌라흐드(Christine Peclard))의 세세한 설명도 한 몫을 한듯했다.

2010년 파리시립도서관이 건축되기 전에는 이곳이 자동차도 수리하는 매우 큰 주차공간이었다고 한다. 그러나 파리시에서 도시계획 차원으로 도서관은 물론 그 바로 옆에 200명 정도의 공동 거주공간을 함께 건축해 문화가 담긴 도심 한가운데에서 소통의 역할을 하고 있다. 1년에 약 220만명 도서관을 방문하며 가입을 해서 책을 대출받고 있으며 인터넷 예약이 가능하다. 입구에 카페테리아가 있어 도서관을 이용하지 않아도 여럿이 모이는 장소로도 이용된다.

입구에 들어서자마자 볼 수 있는 공간에는 만화와 잡지가 놓여있다. 친근감을 주기 위해서라고 한다. 도서관에 적응 못하는 사람을 위해 답답함이나 싫증나지 않도록 책꽂이를 낮은 것부터 시작해 뒤로 갈수록 높게 구성해 전면을 한 눈에 볼 수 있었다.

예술가들이 많이 거주하고 있는 점에 착안하여 200m²의 1층 안쪽에서는 두 달에 한 번씩 전시회를 갖는다고 했다. 아이들을 위한 전시회라 아이들이 좋아하는 책을 함께 전시하는 센스도 놓치지 않았다.

파리에는 52개의 일반도서관이 있고, 약 10개의 특수, 특성화된 도서관이 있다.

총 장서의 수는 13만권. CD는 2만개, DVD는 1만5천개가 있으며 대여가 가능하다. 또한 음악과 영어 관련 잡지가 있고, 전문적인 악보도 있었다. 물론 원하는 CD를 가져다 들을 수도 있다. 또한 DVD시청공간과 아동과 청소년들을 위한 문화공간, 특히 장애인을 위한 열린 공간도 있었다. 이와 함께 엘렌쿠지아라는 시각장애인을 사서로 두면서 특수 도서관은 아니지만 시각장애인을 위한 도서시설이 갖추어지게 되었고 시력이 약한 노인과 시각장애인이 일반사람들과 함께 섞여 도서관을 이용한다는 것을 큰 가치로 느끼고 있다는 관장님의 생각이 참으로 크게 다가왔다. 특히 시각장애 사서의 방에서 도우미견을 보았는데 아직도 그 모습이 생생하다. 읽어주는 책, 녹음을 해서 들려주는 곳도 있고, 큰 글씨로 쓰여 있는 책, 점자로 된 책, 영화를 볼 수 없는 사람을 위해 목소리만 나오는 것도 있었다. 파리시립도서관에만 있는 읽어주는 책은 스캐너 같이 생긴 곳에 책을 올려놓으면 그대로 읽어주는 것이다. 또한 특수 컴퓨터로 글씨를 크게 볼 수도 있어 시각장애인들도 다른 주민들과 마찬가지의 문화행사나 활동을 함께 누리도록 편리한 구조를 가지고 있다. 시각장애인들이 다양한 형태의 자료를 볼 수 있도록 점자책 등을 만들어내는 작업들도 중요한데 여기서 함께 만들고 있었다. 협회나 학교와 같이 협력해서 도서관이 운영되고 있어서 이날도 시각장애인 학교에서 반 아이들이 도서관을 구경하고 갔다고 한다.

엘렌쿠지아는 시각장애인을 위한 특성화된 도서관에서 일했는데 시각장애인들만 있는 것이 아니라 다른 주민들과 함께 하는 게 중요하다는 문제의식을 갖고 함께 이용하는 것이 진짜 정책이라고 생각하여 파리시립도서관으로 옮기게 되었는데, 그녀를 따라 함께 이용하는 시각장애인이 늘어나게 되었다고 한다.

파리시립도서관의 전문화된 점으로는 구직에 도움을 주는 자료가 준비되어 있다는 것이다. 실업률의 증가에 대한 문제 해결을 위해 도서관이 직접 나서 실질적 도움을 주자는 것인데 어느 직업을 원하는지, 직업소개, 이력서 작성 방법, 어디서 어떤 시험문제들이 나오는지 정보를 제공하기 위해 신간을 들이고 바꾸는데 가장 집중하고 있으며 단계별로 일자리 전문 사서가 상담과 조언을 해주고 있다고 한다. 또한 파리시립도서관은 파리시의 지원만으로는 어렵고 헤지옹과 국가차원에서 지원을 받으며 자랑으로는 200석 규모의 오디토리움으로 컨퍼런스,세미나, 콘서트 등 다양한 장르의 공연을 하며 철학가, 작가들과의 토론회도 열리는데 주민들의 반응이 높다고 한다. 또한 도서관들이 공동으로 카탈로그를 만들어 정보를 공유하며 도서관의 장점을 활용하는데 읽지 않는 책들을 가능한 빨리 순환시키기 위해 52개의 공동네트워크를 통해 안 보는 책만 모아놓는 센터를 운영해 목록을 공개하고 주민들이 책을 대여할 수 있게 하고 있다.

52개 도서관을 카드 한 장으로 이용할 수 있으며, 도서관마다 최대 20권, 52개 도서관 합쳐 최대 40권까지 대여가 가능하다. 연장은 한 번에 3주씩 더 연장이 가능해 최대 2번, 최대 9주까지 가능하며 교사들은 6주에 60권까지 대여 가능하다고 한다. 우리 구리시는 최대 3권 아마 연장해서 2주까지는 볼 수 있는 것으로 안다.

작은 도서관을 어렵게 15년간을 운영한 나로서는 늘 우리나라 도서관 정책에 목마름이 있다. 민간의 작은 도서관도 협력자로서 역할을 할 수 있도록 관의 배려정책이 필요하다 싶다. 내가 캐나다에 머물렀을 때도 보았지만 다양한 이주민을 위한 프로그램과 도서비치 또 도서관이 학교를 그만두거나 수업이 부진한 아이를 학교와 도서관이 함께 마음의 문을 열고 공부할 수 있도록 사회적응 프로젝트를 추진하고 있는 것이다.

내용은 음악을 사서와 같이 선택하기도 하고 비디오 영상제작, 라디오 프로그램 운영, 소설책 만들기를 통해 자신감을 불어넣어 주는 프로그램을 운영한다는 것이다.

시립도서관의 도서 대여는 모두 무료지만, CD는 35유로, DVD 대여시는 61유로를 받고있다고 하는데 대여제도는 주민의 환영을 받지못해 대부분의 주민들이 도서관에서 시청하고 있다고 한다. 긴 대여시간과 연장이 가능해 연체율은 1%에 그치고 있다고 한다.

파리시립도서관을 방문하며 도서관에서부터 시작하는 프랑스의 교육정책, 시민들의 독서량을 시스템으로 보장하는 이야기, 도서관이 파리시민들이 즐겨 찾는 휴식처가 된 배경 등을 들으며 행복했다.

이곳과 비교하니 장애인들을 위한 우리나라의 정책이 아직도 갈 길이 참 멀다는 생각이 들었다. 그들의 약자를 위한 정책에서 일반인들과 소통할 수 있게 배려한 점들은 우리의 정책에도 적극 반영해야 한다는 생각이 들었다. 도서관이 책만 빌려주는 공간이 아니라 구직자들을 위해, 이탈 청소년들의 사회문제를 해결하는데 중추적인 역할을 하고 있다는 것을 배울 수 있는 시간이었고 관장 채용시 도서관 운영에 대한 계획서를 받아 준비된 사람이 관장이 되었기에 대시민 서비스를 제대로 할 수 있는 것이 아닌가 싶다는 생각이 들었다.

투박한 농사꾼의 손길이 느껴지는 자연 그대로의 먹거리

프랑스 연수 4일차 보나뻬띠

도서관을 나와 2시간을 달려 보나뻬띠라는 로컬푸드 협동조합을 방문했다. 보나뻬띠(Bon Appetit)는 규모가 작은 로컬푸드 협동조합으로 설립된 지 2년 정도 되었고 파리의 북동쪽 80km 쯤 떨어진 인구 6만의 꼼삐엔(Compiegne)이라는 도시에 있었다.

도착하니 어둠이 부쩍 다가섰고 우리는 10평 정도의 작은 매장에서 약간의 설명을 듣고, 기념품도 살 겸 유기농 초콜릿과 과일 등을 샀다. 우리가 동네 슈퍼에서 보던 잘 손질된 깨끗한 야채가 아니고 모양도 빼어나지 않았지만 로컬푸드를 제공한다는 취지에 맞게 근거리에서 길러진, 친환경적이고 신선한 야채에 중점을 두는 것을

보나뻬띠라는 로컬푸드 협동조합 방문

주민들이 인식을 공유하고 힘을 모으고 있는 점이 이곳의 특징인 듯 했다.

느린 계산 탓에 많은 시간이 걸렸고 우리는 대표라고 오신 여성분을 따라 새로 확장 이전한다는 곳으로 차를 이용해 이동했다. 새로 이동하는 장소에는 위생조리 설비가 잘 갖추어져 있었고 아직 페인트 냄새도 가시지 않았고 이날 겨우 청소를 마쳤단다. 이 얘기를 들으며 추운 날씨에 이전하랴 우리를 맞으랴 얼마나 바쁘게 움직였는지가 보이게 대표는 불그스름한 얼굴과 손으로 자신들이 만든 음식을 우리가 시식할 수 있게 해주었다.

40대정도로 보이는 열성적인 대표는 급식용 도시락을 레인지에 데워 우리에게 저녁을 제공해주었는데 우리 대부분이 허기지고 배가 고픈 상태였지만 음식이 너무 싱거워 소금을 약간 구해 쳤는데도 많은 음식을 남기는 실례를 범해야 했다.

지역 농산물, 투박한 지역 농사꾼의 손길이 느껴지는 자연그대로의 먹거리와 급식용 도시락, 보나뻬띠의 중요 일꾼들
나탈리 스누히제(Nathalie Schnuriger) 보나뻬띠대표
알리스 켐크(Alice Kempcke) 보나뻬띠상근자 위생담당

보나뻬띠(Bon appetit)

파리북부도시 꼼삐엔(Compiegne)에 위치한 지역농산물과 반조리식품 판매장 보나뻬띠는 지난 2010년 설립되었다. 식량주권에 대한 위협과 음식과 연관된 질병이 증가하면서 지속가능한 농업식 구축과 지역에서 생산된 친환경·유기농 농산물을 통한 건강한 먹거리 공급을 목적으로 한다. 근본적인 해결책은 의식변화라는 소명을 가지고 지역주민들을 대상으로 건강한 먹거리로 만드는 요리교실, 강연, 문화행사 등 다양한 프로그램을 운영하고 있다.

보나뻬띠

보나뻬띠 설립 목적

보나뻬띠는 지속가능한 농업기반구축과 지역에서 생산된 친환경, 유기농 농산물을 통한 건강한 먹거리 공급을 위해 설립되었다고 한다. 처음에는 지역 농축산물과 반조리식품 등의 판매로 시작하였다. 식량주권에 대한 위협과 음식과 연관된 질병이 증가하면서 먹거리 문제점의 근본적 해결책은 의식변화라는 소명을 가지고 지역주민들을 대상으로 건강한 먹거리로 만드는 요리교실, 강연, 문화행사 등 다양한 프로그램을 운영하고 있다.

보나뻬띠 설립 과정

지난 2010년 6월 30m²정도의 판매매장에서 시작해 지금은 300m²의 넓은 곳으로 이전하여 사업을 확장하고 있다. 처음에 혼자서 시작했지만 이후 식품공학 전공자, 조리사, 매장직원 등과 함께 일하고 있다. 대표 본인은 냉장트럭으로 배송담당이다. 처음에는 조합원 17명으로 시작해 현재는 90명으로 늘어났으며, 소비자는 400여명 정도이다. 인구 6만명 중 많은 인원은 아니다. 처음에는 생산자들이 신뢰가 없었으나 가공시설을 갖추면서 함께 하자는 분위기가 조성되고 있다. 생산자의 자본투자 결정은 총회 의결을 거치고, 인력고용은 90명 조합원 중 선출된 3명의 감사와 함께, 조리 판매 배송 등의 문제는 4명 직원의 회의를 거쳐 결정한다.

보나뻬띠의 주요 활동

보나뻬띠의 주요 활동은 매장운영, 요리교실, 배송 등 세 가지로 분류될 수 있다.

매장에서의 주요 판매물은 조리, 반조리 식품 및 식품재료이다. 모두 유기농, 친환경은 아니나 지역생산물이라 믿고 판매할 수 있는 것이며, 오렌지 레몬 자몽 등은 공정무역을 통해 수입하거나, 생산자를 아는 경우에만 구매한다.

요리교실은 주민들을 대상으로 지역농산물로 요리를 하며, 식량주권, 로컬푸드 등 먹거리 안정성에 대한 의식교육 등을 진행한다.

배송은 특히 대표가 강조하는 부분인데, 생산자들이 자기 상품에 자부심이 없기 때문에, 일반적으로 조리 판매 배송까지 동시 운영하는 것은 매우 드문 일이라 한다. 모든 식품은 저온살균으로 포장되어 10일간 보관이 가능하다. 냉장차 3대가 운영된다.

보나뻬띠의 운영 방향

보나뻬띠는 두 가지의 운영 방향을 가지고 있다. 일반기업보다도 좋은 질과 저렴한 가격으로, 가난한 학생이나 노인 등 어려운 사람들에게 제공하는 것이다. 이것을 생산자부터 소비자까지 이어지는 하나의 연대의 정신으로 실현하는 것이다. 지역 축산업자에게 소 한 마리를 통째 구입하여 각종 부위를 다양하게 요리해 좋은 질과 맛을 유지하며 지역 소비자에게 공급한다.

지방정부 등 행정 지원

프랑스도 한국과 마찬가지로 일자리창출에 많은 행정력을 쏟고 있는 듯하다. 보나뻬띠가 지방정부로 받은 지원은 사업 공간 제공, 보조금 지급, 저리 대출 등이 있다.

이번에 이전한 공간도 꼼삐엔시 소유의 건물을 20년간 저렴하게 임대하였는데 장기임대의 조건으로 설비투자, 일자리 창출, 주민들에 대한 식사제공 등의 협약을 맺었다. 물론 사업의 안전성을 위하여 일반 기업에게도 판매, 배송 등의 영업을 하고 있다.

보조금 지급은 일자리 창출시 꼬뮨에서 일회성 1500유로의 지원금, 데빠뜨멍에서 사회부적응자 일자리 제공시 매달 800유로를 지급하며 장애인기업인 경우 해당협회에 장애정도에 따라 400~1000유로씩 지원이 있다. 일반적으로 임금의 30~50%에 해당한다.

사업을 확장하면서 위생적 조리설비 및 저온살균 시설 등을 준비하며 많은 대출을 받았는데, 이자는 헤지옹 0%, 협동조합 전국협회 2%, 상업은행 2곳에서 각각 3.5%, 4%씩이다. 지금까지는 적자운영으로, 임금, 세금, 시설유지비 등으로 상업적 수지를 맞추기 어려웠지만 일반인과 기업을 대상으로 판매 사업을 확장해 투자대비 이윤을 기대하고 있다.

프랑스 협동조합

프랑스에서는 음식과 협동조합에 대한 관심은 증가했으나 소비자들이 경제적 어려움 등 여러 이유로 저렴한 가격의 대형마켓을 이용하면서, 대기업이 점차 협동조합을 사들이기 시작해 이제는 거의 없어졌다 한다. 그러다 4~5년 전부터 식량주권을 찾아야 한다는 움직임이 다시 일어나기 시작하면서 협동조합이 재조명을 받고 있다고 한다.

대표는 생산자를 아는 것이 중요하다고 강조한다. 현재 유럽에서 문제가 되는 것은 우리가 브랜드 즉 다농, 프랑주스 등의 제품명을 먹는다는 것이다. 누가 생산한 줄 도 모르는 음식을 먹고 있다는 것인데, 이것이 제품에 대한 신뢰를 떨어뜨리고, 결국 음식과 관련한 질병을 일으키는 등 사회적 문제가 되고 있는 것이다.

보나베띠는 현재 협동조합이지만 사회적 기업을 목표로 하고 있다. 3년이 채 안 되는 기간 동안 이루어낸 성과는 상당한 것으로 보이며, 대표가 가진 열정으로 이 모든 것을 해내고 있는 듯 보였다. 물론 지방정부의 전폭적 지원이 있었기에 가능했다. 보나베띠 대표도 이런 사업은 누구와 협력하는 것이 중요한데 지방의원과 지자체의 역할이 가장 중요하다며, 지자체의 지원이 없었다면 여기까지 오기 힘들었을 것이라고 했다.

우리는 프랑스를 농업 강국으로 알고 있다. 곡물자급률이 10%도 채 되지 않는 우리나라와는 비교가 되지 않을 것이다. 그럼에도 식량주권을 얘기하고 지역생산물을 이야기하는 것이 일견 이해가 되지 않는다. 그러나 프랑스가 농업생산량과 농경지면적 규모에서 유럽연합의 약 20%, 포도주나 곡물 등은 1/3을 차지할 정도로 농업기반이 잘 갖춰진 나라인데도 대부분 나라의 농촌 현실과 마찬가지의 어려움을 겪고 있다. 도시로의 인구 유출에 따른 일손 부족이나 농촌의 고령화, 기계화 등에 따른 문제이다. 1970년대 12%대였던 농업인구는 현재 4~5% 정도에 불과해 농업의 위축으로 작은 농장들이 점차 사라지는 한편, 대규모 경작을 하는 농장들은 느는 추세다. 그래서 프랑스 농부들도 농업인 협동조합을 구성하여 식품생산, 판매, 식당, 농장체험 등의 시설을 운영하며 일자리를 창출하고 다른 농가들과 지속적 연계와 협력을 도모한다.

보나베띠가 있는 꼰삐엔시는 대단위 농지로 둘러싸여 있다. 문제는 저런 토지가 대규모 농업, 축산업 등으로 이용되면서 다국적 거대 식품가공업체의 생산물 공급처가 되고 환경오염, 식품위생문제를 일으키며 소규모 자작농의 생존을 위협하고 있는 것이다.

보나베띠가 벌이고 있는 사업은 그 지역 생산자, 소비자 간의 연대를 바탕으로 사회적으로 어려운 이웃과 주민들에게 건강한 먹거리를 제공하며 함께 살아가는 지역 공동체를 만드는 것이다. 성공적 사업으로 발전하여 우리나라에서도 막 태동한 협동조합의 훌륭한 귀감이 되기를 바래본다.

보나베띠의 주소 등 정보
Bon appetit !
28 rue Notre Dame de Bon Secours
60200 COMPIEGNE
Tel. : 06 11 28 43 08
E-mail : nathalie@bonappetit-compiegne.fr

시민의식이 자라는 연대의 공간

프랑스 연수 5 일차 -공정카페

선진지 견학에 대한 여성의원들의 욕구는 주말이라고 예외는 아니었다. 토요일의 편안함을 듬뿍 느끼고 오전 11시로 예정되어 있는 공정카페를 향해 10시경 출발하였다. 가는 길에 보니 아마도 벼룩시장이 선 것 같았다. 우리는 차를 세우고 20여분간 차량과 좌판에 널린 다양한 중고 물건들을 구경하고 사기도 했다. 역시 한국의 '줌마의원님'들은 흥정을 통해 저렴하게 물건을 구입했다는 후기를 쏟아내며 겨우 차 한 대 지나갈만한 좁은 골목을 한참 거슬러 가서 르블랑 아 카페에 도착했다.

공정카페 르믈랑

공정카페 르믈랑 아 카페는 서울 도봉구 이영숙 의원의 보고서를 통해 소개하고자 한다.

다음은 이 의원이 르믈랑 아 카페에 대하여 쓴 글이다.

프랑스 파리는 카페의 천국이라 할 만큼 도시 곳곳에 카페가 많다. 그리고 카페 테이블마다 파리 시민들이 모여 이야기꽃을 피우는 모습을 쉽게 볼 수 있다. 카페문화는 프랑스의 오랜 역사임을 힐끗 본 파리시 풍경에서도 쉽게 느낄 수 있었다.

요즘 우리나라 도시에도 하룻밤 자고 나면 곳곳에 카페가 생겨나고 있다. 그리고 그 카페마다 사람들이 자리를 꽉 채우고 있다. 또한 서울시 주요 정책 중 하나인 마을만들기 사업으로 자치구마다 주민들의 마을카페도 속속 만들어지고 있다.

날마다 생겨나는 카페와 그 속의 사람들을 보면서 80~90년대에는 시대적 과제를 함께 고민하고 해결하고자 했던 사람들이 '광장'에 모였다면 양극화가 심해지고 경제위기가 심각한 요즘, 사람들은 서로 소통하고 치유 받고 싶어 '카페'에 모이는 것이 아닐까 싶었다.

그런데 바로 주민간의 소통과 나눔, 연대의 장을 마련한다는 목적으로 만들어진 카페가 파리 14구에 있다기에 우리 연수단은 그곳을 방문하기로 했다.

서울의 각 자치구마다 생기는 마을카페와는 어떻게 다른지, 어떤 목적과 가치를 지녔는지, 운영의 어려운 점은 무엇이고 무엇을 유의해야 하는지, 마을카페와 자치단체의 관계는 어떤지…밤새 궁금한 질문을 하나씩 정리해 보았다.

드디어 2월 23일 연수 5일째, 토요일이라 우리들은 좀 더 가벼운 마음으로 '르 블랑 아 카페'를 방문할 수 있었다.

주민 사랑방, 르 블랑 아 카페!

오전 11시 30분쯤 도착한 르 블랑 카페에는 한 이십 여명의 다양한 연령대가 참여한 재봉틀 교실이 열리고 있었다. 이삼십 대 주부 대여섯 명이 한 테이블에서 바느질을 배우고 있었고 엄마와 초등

재봉틀 교실에 참가한 주부들

매력덩어리 대표와 부대표

학생 딸아이 서너 팀이 재봉틀로 재봉질을 하고 있었다. 또 다른 테이블에는 할머니와 손녀가 바느질로 손가방을 만들고 있었다. 그들은 모두 우리의 방문을 즐거워했고 환영했다. 함께 사진도 찍어주고 하고 있던 작업에 대해 설명도 해주었다. 우리는 그 수업이 끝날 때까지 카페 옆, '플로히 몽'이라 불리는 협회 사무실로 자리를 옮겨 간담회를 하고 다시 카페로 돌아와 식사를 하기로 하였다.

바로 옆 협회 회의실에 도착한 연수단은 블랑 아 카페의 대표인 크리스틴 쥐페 르블롱드(Christine JUPPE-LEBLOND)와 부대표인 아니(Annie)와의 간담회를 시작했다. 크리스틴은 전교육부 총괄장학사였다고 한다. 백발의 두 여인은 처음부터 끝까지 어찌나 열정적이고 성실하게 자신들의 활동을 설명하든지 우리는 모두 그네들이 과거 레지스탕스 활동을 했던 리더들이었으리라 착각할 정도였다. 배우러 간 우리에게 오히려 한국의 상황을 자꾸 질문하며 왕성한 지적호기심을 보일 뿐 아니라 국제적 협력 마인드가 몸에 배어 있으며 게다가 친근하고 유머러스한 모습까지 전부 매력덩어리였다.

르블랑 아 카페는 파리 14구 주민들에 의해 만들어진 비영리단체로 주민 간 소통과 나눔, 연대의 장을 마련한다는 목적으로 2006년에 설립되었다. 파리 14구는 파리시 다른 구에 비해 예술가들이 많이 살고 생활수준이 높지 않은 오래된 지역이었다고 한다. 그래서 재건축을 위해 건물들이 철거 위기에 처했는데 그곳에 오래 살던 주민들이 무분별한 재건축을 막기 위해 하나로 모여 '민주주의연맹'이라 불리는 협회(우리의 시민단체)를 만들고 무분별하게 재건축하는 것을 막는 일을 시작했다고 한다.

현재 르 블랑 아 카페가 있는 건물도 위층에 주민을 위한 시설인 기숙사 및 보육원, 체육시설 등이 있던 곳이었는데 철거가 되려하자 주민들이 힘을 모아 막아낸 것이었다. 그리고 그곳에 민주주의연맹이라 하는 협회에 모인 주민들이 8명의 창립멤버와 더불어 1층에 마을카페를 만든 것이다.

카페의 크기는 80㎡(약 25평)로 그리 크진 않았다. 처음에는 바(bar)라고 부르는, 서서 커피를 마실 수 있는 작은 형태의 카페였다고 한다. 그런 바가 만들어진 당시부터 주민들이 자연스럽게 모이는 공간이 되었고 그곳에서 문화행사도 하고 커피나 초콜릿을 마시며 이야기하는 공간으로 사용되었다. 그러다가 주민들끼리 먹는 수준의 음식을 만드는 설비를 갖추게 되었다가 아예 레스토랑으로 허가를 받아 운영하고 있다.

비영리법인으로 인정, 등록된 르 플랑 아 카페는 화요일에서 토요일까지 12시부터 22시30분까지 운영된다. 지자체의 후원아래 주민들이 직접 참여하고 무보수의 자원봉사자들을 중심으로 운영되는 방식이며 매일 주민들에게 합리적인 가격의 식사와 주민을 위한 활동 공간을 제공한다. 카페 운영의 두 가지 큰 축이 하나는 레스토랑이고 또 하나는 주민을 위한 활동인 것이다. 카페를 이용하기 위해서는 협회에 가입해야 하며 1인 기본 연회비는 10유로이지만 저소득층은 1유로, 16세미만은 무료이다. 후원회원이나 협력단체회원은 연간 50유로이다.

우선 레스토랑에서 제공하는 음식은 그날의 요리 하나가 정해져 있고 전식, 후식은 골라 먹는 형태이며 채식을 원하는 사람들이 미리 얘기하면 고기, 생선없이 만들어 준다고 한다. 이곳의 가격은 회원에게는 더 저렴한 가격으로 음료와 식사를 제공하며 다른 상권을 해치지 않는다, 경쟁하지 않는다는 비영리단체 정관에 기초해 정해졌다고 한다.

그리고 르플랑카페는 레스토랑에 가려는 사람을 끌어오는 경쟁의 관계가 아니라 레스토랑에도 갈 수 없는 사람들이 오는 곳이기 때문에 저렴한 가격 책정(다른 상권의 약 35%)이 가능하며 돈 없는 주민들이 편안하게 찾는 게 목적이기 때문에 생산단가가 올라도 가격을 올리지 않는다는 원칙을 지키고 있다고 한다. 또한 돈이 없는 사람에게 식사를 무료로 제공하기도 한다. 그리고 가격이 저렴하다고 해서 음식의 질이 나쁜 것은 절대 아니다. 모든 음식은 반드시 섭취해야 할 영양소를 고려해서 조화롭게 만든다.

다음으로 르 플랑 아 카페의 주민을 위한 활동은 정말 많다. 오후와 저녁 내내 이뤄지고 있다. 규칙적(매주, 매달, 보름)인 프로그램과 불규칙적인 강좌나 프로그램이 자주 열리고 있는데 예를 들면, 토요일 오전의 재봉틀교실이나 매주 화요일 아침엔 유도교실, 매주 수,토요일에는 살사댄스, 룸바 그리고 매달 셋째 주 수요일엔 영화상영 및 노래교실 등이 운영된다.

회원에게는 모든 강좌나 활동이 무료이다. 그리고 강사는 전문가 및 대학교수들이 재능기부 형식으로 주민들에게 전문적인 교육을 하는데 별도의 강사비는 없다. 그러나 살사댄스를 예로 들면 강좌가 끝나고 강사가 모자를 돌리면 참가한 수강생이 기부형태로 돈을 내기도 한다고 한다.

또 한 달에 한두 번 정도 동네 주민들이 다함께 모여 뷔페식(1인당 3유로 정도)으로 저녁을 함께 하며 주민간의 유대를 강화하는 행사를 열기도 한다. 그리고 주민들이 모여 사회에 대한 토론활동도 한다. 토론의 주제는 경제위기를 어떻게 극복할 것인가 하는 등 거대담론이나 사회적 문제부터 어떻게 에너지 절약을 해야 되는가, 생활 속 분리수거, 음식물쓰레기 처리 등을 어떻게 개선할까, 책상이나 의자를 어떻게 재활용해 만드나 등 생활 속 문제까지 다양하

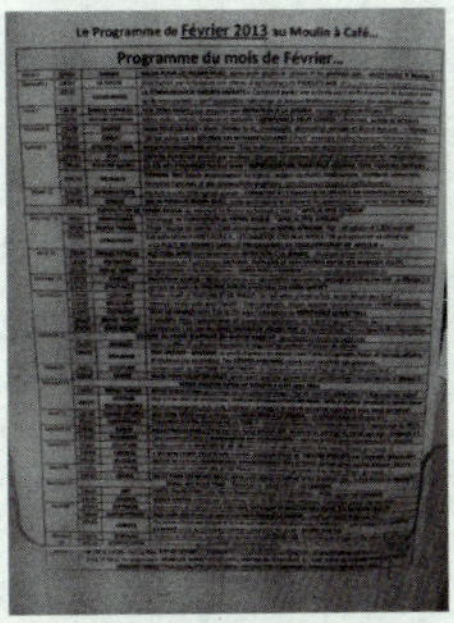

르블랑 카페의 다양한 프로그램

학습부진아를 돕는 협회의 교재

다. 이런 토론활동을 통해 주민들은 자신과 자신이 살고 있는 지역에 대한 고민, 사회와 국제 문제까지 폭넓은 사고를 하고 시민의식을 키워간다.

그리고 성숙한 시민들은 지역을 위해 할 수 있는 일들을 자체적으로 만들어 카페에서 실천하고 있었다. 예를 들면 학습부진아를 돕는 협회를 만들어 카페 공간에서 아이들을 돌보고 있었다. 르 블랑 카페는 시민의식이 자라고 주민자치가 이뤄지는 공간이었다.

르 블랑 카페 재정현황과 운영주체

서울시는 마을만들기 정책의 일환으로 마을카페에 첫해만 약 5,000만원의 시설비와 2,500만원의 1년 운영비를 지원해주고 있지만 지원이 끊기는 1년 후, 마을카페는 재정적 독립이 가능할지

예측이 불투명한 상태다. 그렇다면 르블랑카페는 어떨까?

르블랑카페는 자립으로 운영돼야 한다는 원칙이 있다. 그리고 카페에서 벌어들이는 수익금은 모두 사회를 위해 환원해야 한다. 현재 카페 재정의 60%는 레스토랑 운영을 통한 수익금과 협회회원 회비, 기부를 통해서 충당되며 40%는 파리 시청 및 가족보조금 형태의 보조금을 받는 것으로 충당된다. 자립으로 운영돼야 한다는 내부원칙이 있지만 국가가 해야 할 공적인 기능을 하기 때문에 보조금을 받는 게 마땅하다고 한다. 국가나 헤지옹의 보조를 받지만 건물 소유주인 파리 시청에 한달에 1,000유로(약150만원)의 임대료는 따로 내야한다.

그리고 국가의 또 다른 보조가 있다. 카페에는 임금을 받는 사람이 4명인데 이들은 학업을 금방 마치고 실업상태로 등록된 젊은이들이다. 이들을 고용하면 청년실업을 해결했다 해서 헤지옹(우리의 광역자치단체)과 국가에서 임금의 60%를 지원해 준다. 카페의 대표는 이런 제도가 아니었다면 고용이 어려웠을 것이라고 한다.

처음부터 카페가 수익이 났던 것은 아니다. 처음에는 1년에 3만유로 정도의 적자였지만 7년간 수익금이 계속 조금씩 조금씩 올라가고 있다고 한다. 2012년은 2만 5천유로의 수입이 있었고 수익금은 보조금이 끊기는 등의 문제가 생겼을 때 쓰기 위해 기금으로 적립하고 있었다.

르 블랑 아 카페를 운영하는 핵심 대표단은 8명이다. 이들은 전체 행정을 관리하며 모두 무보수로 일한다. 이는 카페의 운영 원칙이기도 하다. 카페의 대표인 크리스틴 또한 모든 보조금 관련된 일을 하면서도 식사시간에는 함께 요리도 하고 설거지도 한다. 이들 8명과 보수를 받는 4명의 직원, 그리고 30여명의 자원봉사자들이 카페를 운영하는 주체이다. 주방도 1명만 임금을 받고 나머지는 모두 무보수로 일하는 자원봉사자들로 운영된다.

전체 행정 담당자 8명은 연간 계획 및 평가 등 카페 운영방향에 대한 큰 그림을 그리고 회계, 자원봉사자 및 자원봉사 조직 관리 등을 하며 프로그램 기획 및 관리 등은 담당직원이 맡아 한다. 처음 카페가 생겼을 때는 대표들이 프로그램 강사 등을 찾아다녔는데 이젠 제안이 많이 들어와서 관리만 하면 된다고 한다.

그리고 놀라운 것은 작년(2012년) 한 해만 1,300명의 새로운 신규 회원이 가입했다는 사실이다. 더구나 이들 가입자는 후원하는 의미의 상징적인 가입자가 많다고 한다. 그리고 이중 적극적으로 카페를 이용하고 자주 오는 주민들은 200명 정도라고 한다.

이것만 봐도 지역주민들의 르 믈랑카페에 대한 관심과 사랑이 얼마나 뜨거운지 알 수 있었다.

르 믈랑 카페의 남다른 운영철학

사실 요즘 서울시 정책으로 만들어지는 마을카페와 달리 르믈랑

아카페는 주민들의 필요에 의해 주민 스스로 만든 프랑스 최초의 마을카페이다. 주민들의 필요와 자발적 참여가 있었기에 7년의 세월을 이어오며 경제적 독립도 이루고 다양한 공익적 활동도 가능한 것 같다. 최근들어 프랑스에서도 협회용카페, 주민카페를 만들려는 사람들이 르플랑아카페를 많이 방문한다고 한다. 그런 새로운 흐름 속에 7년의 역사를 지닌 르플랑이 다른 곳의 모델이 되어 자신들의 운영과정을 공유함으로 또 다른 사회적 역할을 하고 있었다.

지난 7년간 이 카페를 운영해 온 대표와 부대표는 몇 가지 운영철학과 당부의 말을 해주었다. 제일 먼저 그들이 강조한 것은 자신들의 활동은 시민 한 사람 한 사람의 자발적인 정치적 선택이 있었기에 가능했으며 경제위기 속에서 그 위기를 극복해 보자는 시민 한 사람 한 사람의 참여가 있었기에 이 카페가 운영되고 있다는 것을 잊지 말아달라는 것이었다.

그리고 카페를 유지하는데 중요한 사람들은 무보수 자원봉사자들임을 강조했다. 르플랑아카페도 처음에는 무보수의 자원봉사자가 100명 신청했지만 실제 참여하는 봉사자는 30명이고 적극적인 봉사자는 10명 남짓이라고 했다. 사실 개인주의가 강한 프랑스에서는 보기 드문 현상이라고 한다. 그래서 자원봉사자들에 대해 세심한 관심과 철저한 관리를 하고 있었다. 자원봉사자는 단순히 보조역할만 하는 사람들이 아니라 협회(카페)를 대표하는 만큼 전문성과 의식을 갖고 있어야 한다고 생각해 자원봉사자를 위한 교육책자가 있었다.

교육책자에는 르블랑아카페의 역사, 가치, 운영철학에 대한 내용뿐 아니라 식당의 도구를 쓰는 법부터 쓰레기를 버리는 법까지 세세한 모든 것이 담겨 있었다.

그리고 무보수의 자원봉사자와 돈 받고 일하는 사람들 간에 서로를 존중할 것, 카페를 구성하고 있는 다양한 직위의 사람들이 조화롭게 운영하는 것, 사람사이의 관계를 잘 푸는 것이 중요함을 강조했다.

그리고 이 모든 운영에서 가장 중요한 건 개인 한 두 사람이나 몇 명의 계획이 아니라 공동의 프로젝트로 진행해야 한다는 것이었다. 할 일이 너무 많고 힘든 일이기 때문이며 사람이 많아지고 규모가 커질수록 어려운 점이 더 생기기 때문이라고 했다.

무엇보다 인상적인 것은 르블랑아카페와 다른 협회와의 연대 모습이었다.

프랑스 최대 생활협동조합단체인 아맙(AMAP)이 회원에게 직거래장터로 팔고 남은 지역 농산물(주로 유기농)을 바로 르 블랑 카페에 기부한다고 한다. 물론 카페도 아맙과 직거래를 통해 1년 동안 주민들이 먹을 것을 미리 계약 주문하고 있다.

그뿐만이 아니다. 파리 14구에는 '연대의 장터, 연대의 시장'이라 불리는 매장(우리의 후드마켓과 비슷한 곳) 이 있는데 금요일까지 판매하고 남은 재료를 르 블랑 카페에 기부한다고 한다. 특히 이 연대매장은 대형기업 등에서 후원을 받아 유통기한이 얼마 안 남은 제품들을 생계가 어려운 사람들에게만 저렴하게 판매하는데 단지 저렴하게 판매하는 것에만 초점을 맞추는 것이 아니라 그들에게 가계부 쓰는 법부터 가계운영과 경제교육, 요리 만드는 방법까지 알려줌으로 자립을 돕고 있었다.

그리고 이렇게 협회 간 서로 연대하고 협력하는데 이곳에서는 이를 '낭비를 막는 연대'활동이라 생각한다. 연대와 협력의 정신이 생활 곳곳에 깊숙이 스며있는 모습에 프랑스가 선진국임을 인정할 수 밖에 없었다.

에필로그

요즘 서울은 서울시정책으로 시작된 마을카페가 속속 만들어지고 있다. 하지만 르 블랑 카페를 통해 우리가 보았듯 단지 몇 사람만의 주도로 또는 관의 주도로 만들어지는 카페는 재정적 독립도 어려울 뿐 아니라 주민들이 아끼고 사랑하는 공간이 되지 못할 확률이 높다. 주민중심의 분명한 가치와 의식을 지니고 밑에서부터 지역 주민의 필요와 욕구를 충분히 반영해 주민 한 사람 한 사람의 자발적 참여를 이끌어내야 할 것이다.

그러기 위해서 지금 현재 딱 1년간의 운영비 지원방식 보다는 르 블랑카페의 예처럼 제도적으로 청년실업자를 고용했을 시 임금의 60%를 지원해 주는 정책이 운영에 훨씬 현실적이고 안정적이다.

또한 회원제를 통해 마을카페에 대한 관심과 참여를 유도하는 것도 우리가 참고하면 좋겠다. 마을 안에서 재능기부자를 모아내고 타 단체와 유기적으로 협력, 연대하는 것은 우리가 꼭 배워야 할 것이다.

결국 마을 만들기, 공동체회복은 이미 마을에 '있는 것'을 '잇는 것'이라는 말이 맞는 것 같다. 그것도 주민과 '같이'할 때 '가치'가 있다. 마을에 이미 있는 것을 잇는 공간으로, 풀뿌리민주주의 시민의식이 커가고 주민자치 역량이 자라는 공간으로, 동네 곳곳에 마을카페가 생겨나길 희망한다.

포럼데지마쥬(Forum des Images)

영화정책운영안 '미션시네마'정책을 추진했던 파리시가 가장 주력한 곳으로 19988년 개관이래 연간 32만 명이 방문하는 대표적인 문화공간이다. 포럼데지마주는 파리를 배경으로 한 영화들을 수집함으로써 도시의 변모과정을 다양한 시각을 통해 조명된 도시의 이미지 등을 보관하고 이를 시민에게 제공한다. 80억 규모의 예산을 파리시로부터 지원받는다.

알떼흐문디(Altermundi)

그룹SOS에서 운영하는 파리 시내 30개 매장에서 친환경 디자인의 가구 · 의류, 공정무역 식료품을 팔고 있는 '착한 소비' 가게이다. 특히, 프랜차이즈 방식으로 매장을 확대하는 전략으로 디자인제품을 판매하는 '알테르문디 부티크', 패션 매장인 '알테르문디 모드', 공정무역 커피를 판매하는 '알테르문디 카페' 등 다양한 특화 매장이 생겨나고 있다. 2003년 11구에서 처음 매장을 열었고 현재 파리와 릴에 5개의 매장이 있다.

벨기에 흐뒤
책마을

프랑스 연수 6일차

아침부터 내리기 시작한 눈은 벨기에로 장거리 여행을 떠나야 하는 우리들의 마음을 불편하게 했다. 꽤나 수북이 쌓인 눈을 밟으며 차에 올랐고 가는 길에 더 많은 눈이 내려 책마을 방문이라는 우리의 기대가 무산될까 불안한 마음이 성애가 자동차 앞면 유리를 덮는 듯 했다. 더더욱 앞자리에 앉은 내게 자동차 정면으로 달려와 내리는 눈들로 인해 희뿌연한 도로를 내다보는 마음에는 운전자의 예민해진 신경이 알게 모르게 느낌이 전해져와 수시로 백미러를 닦아주며 운전에 방해 요소를 찾아 고심하랴, 눈으로 덮인 아름다운 숲길이 주는 황홀감에 빠져 마치 동화 속 주인공이 된 듯 감탄사를 되삼

키며 행복해 있는 사이 3시간이 훌쩍 넘어 드디어 목적지에 도착했다.

벨기에 리방의 흐뒤(Redu) 라는 책마을은 저 멀리 교회의 아름다운 모습으로 우리에게 다가왔고 결국 차가 약간의 경사로를 오르지 못해 9인승 봉고는 우리들을 모두 토해낸 뒤에야 결국 비틀거리며 올라와 한 켠에서 숨을 돌렸다.

내게 있어 "책" 이란 나를 가슴 뛰게 만드는 단어였기에 벌써 책과 함께 작은 도서관 운동을 펼친 것이 20여년이 되어 가는 것 같다. 그래서 벨기에 책마을을 간다고 했을 때 아마 누구보다도 기대와 설렘이 컸던 것 같다. 한국의 파주 책마을을 오래전에 섭렵하고 이제는 정치라는 새로운 세계에서 활동하다 보니 도서관활동을 한 켠으로 밀어 놓았지만 언젠가는 내가 다시 돌아갈 나의 자리이기에 늘 안타까움이 잔존해 있다. 어떤 신문칼럼에서인가 《 책을 사랑하는 사람이면 생애 한번쯤은 흐뒤(Redu)행을 해야 할 것 같다. 흐뒤는 틀림없이 그대에게 행복감을 선사할 것이다》 라는 글을 본 적이 있기에 더더욱 기대되는 곳이었다.

책마을이란 무엇인가? 1961년 리처드 부스라는 서적 판매상이 영국 헤이온와이에서 처음 시작한 이래 유럽을 중심으로 활발하게 책마을 건립운동이 일었다고 한다. 이어서 북미, 아프리카, 아시아 대륙까지 책마을이 설립 확대 되었으며 리처드부스를 중심으로 세계책마을협회 IOB(International Organisation of Booktowns)가 조직되어 현재 13개국 16곳에서 활동하고 있다고 한다. 현재 우리나라의 파주출판도시(헤이리 책마을) 또한 이곳의 회원으로 활동하며 헤이온와이의 이름을 본 따 만든 것이라 한다.

책마을은 걸어서 돌아볼 수 있는 가까운 거리 내에 책방이 여러 곳 몰려 있고 출판사, 편집자, 예술가들이 함께 모여 활동하는 곳을 뜻한다고 한다. 대부분의 책마을은 마을 자체가 역사적인 배경을 갖고 있거나 주변에 아름다운 관광휴양지가 있는 지역에 들어서 있어서 사람들의 관심을 끌고 있다고 한다.

예를 들어 캐나다 브리티시컬럼비아즈(BC주) 시드니(Sidney)의 책마을은 캐나다 유일의 책마을로 바닷가마을이다. 시드니 바다를 끼고 있는 아름다운 마을과 책이 만나는 풍경이 아름답다고 한다. 그런데 아이러니 하게도 이 책마을은 책을 사랑해서 책을 선택한 것이 아니고 마을을 살리기 위한 대안으로 추진되었다는 점이 아쉬움이다.

우리가 방문한 책마을 흐뒤는 벨기에 브뤼셀에서 룩셈부르크방향으로 한 1백㎞쯤 내려간 곳에 위치하고 있으며 인구 5천명인 리방(LIBIN)에 속해있는 작은 마을로 400여명의 주민이 살고있다고 한다.

벨기에 흐뒤(Redu) 책마을은 헤이온와이를 벤치마킹한 벨기에의 책마을로 1984년 기자 출신인 노엘 엉슬로가 창고를 개조하여 도서관을 만들면서 시작됐다. 이후 헤이온와이와 자매결연, 유럽 제2의 책마을을 조성한다는 비전 아래 고서적상들이 모여들기 시작해 지금은 17개의 서점이 들어서 있다. 비록 수려한 역사 잔존물이 있는 것도 아니고 수려한 강이 풍경을 이루고 있는 곳도 아니지만 해발 450m의 고원지대에 숲으로 둘러싸인 아름다운 마을로 연간 전 세계의 방문객 20만 명이 흐뒤를 찾는다고 한다.

한때는 26개의 서점들이 있었지만 인터넷의 발달 및 경제위기로 인해 서점들의 폐업이 이어져 지금은 17개의 서점이 맥을 이으며 대부분 다른 job을 병행해 살아가고 있다고 한다.

대한민국의 지방여성의원들이 떼로(?) 몰려온다는 소식에 리방의 부시장 및 시의원들이 2명이나 함께 참석해 흐뒤의 책마을 관심에 감사해하며 한국이라는 나라에 대해서도 관심을 표명했다.

네델란드 교사출신이며 국제책마을협회사무총장이기도 한 올드레이디(miep.van,duin)는 2012년 파주북소리 축제에도 초청으로 다녀왔다고 한다. 대부분의 책마을은 헌 책을 팔고 있는데 그들은 헌책의 가치에 대해 남다른 가치를 부여하고 있었다. 특히 그들은 서점 주인으로 사는 것도 가치가 있는데 많은 책들을 읽을 수 있는 기회에 만족한다며 간담회 때 소회를 밝혔다.

흐뒤 책마을을 홍보하기 위해 어떤 노력들을 했는가요? 라는 질문에 올드레이디(miep.van,duin)는 30년 전 주민이주로 버려진 도시였던 흐뒤는 공간들이 비어 있어 공간 유치가 가능했고 벨기에와 프랑스에 초청장들을 보내 3일간 책축제를 여는 등 주말 방문객 유치를 위해 주로 라디오홍보를 했고 다양한 홍보물로 마을을 홍보했고, 이곳에는 휴지, 수건들을 만드는 다른 상업 외에도 인쇄소가 하나 있는 것이 특징이라고 했다. 이 분 또한 퇴직한 후 보람 있는 일을 하고자 처음에는 이곳에서 알바 형태로 일을 하다 현재는 자신의 서점을 운영하고 있다고 했다.

경제위기로 26개에 이르던 책방이 17개로 줄어들고 점점 위기에 몰린다고 얘기하자 열정 많은 우리 의원님들은 다양한 제안들을 해주기도 했고, 함께 참석한 르방의원들중 관광청 대표인 미셸은 현재 흐뒤는 책을 파는 일 외에는 별다른 프로그램 운영이 없지만 숲이 많아 숲 관련 연계 활동을 구상중이라 했다. 또한 폐교를 서점으로 개조중이고 방문자 숙소로 개방하고자 준비 중이라며 전 세계적인 경제위기가 유럽을 피해 갈 수 없듯 유럽 또한 위기 극복을 위해 타국과의 관계, 지자체와의 관계에 중심을 두며 프랑스 헤지옹, 벨기에 룩셈부르크와 연대하는 사업을 계획 중이라 하였다.

특히 벨기에는 3개의 연방이 (프랑스권, 네델란드권, 독일권) 함께 하는 나라라는 특이점을 가지고 있었다.

우리는 책마을 외에도 벨기에의 정치현실에 대한 이야기를 잠깐 나누었지만 많은 궁금증들을 16명이나 되는 우리 의원들이 다 해소하기에는 시간이 촉박했고 궂은 날씨 탓에 현장도 둘러봐야 했기에 마음이 바빠 서둘러 간담회를 마무리 짓고 현장으로 이동했다.

우리가 간담회전 점심식사를 하고 간담회를 한 곳이 관광안내소이기도 했는데 기념품들을 팔고 있었다. 흐뒤 마을의 또 하나의 명물이 책을 직접 만든다는 300년 전의 수동기계였는데 우리는 사람이 직접 책장 한쪽 한쪽을 찍어내는 기계가 있는 인쇄소를 가진 서점에서 주인이 직접 책을 찍는 시연을 생생하게 볼 수 있었다. 글자 틀에 '흐뒤'라는 글자를 반대로 올려놓고 고정틀을 끼우며 아귀가 잘 맞지 않자 100년 전 만들어진 것이라 그렇다고 한다. 이렇게 놓여 진 글자판이 기계로 들어가는 과정을 보여줬는데 재봉틀을 돌리듯 손으로는 종이를 끼우고 빼고 발로는 틀을 돌리며 전문가는 한

번에 300장을 찍어낸다며 예전의 인쇄 방법을 설명해 주었다. 특히 서점주인은 1862년 벨기에서 처음으로 만들어진 이 기계는 무게가 600㎏이나 나가 돼 도둑맞을 걱정을 하지 않는다며 농담을 던져 설명을 듣는 우리를 즐겁게 해주었다. 그러나 오랫동안 사용하지 않았는지 잉크가 없어 인쇄가 눈에는 보이지 않았고 글자 형태가 찍힌 눌린 자국만 겨우 볼 수 있어 많이 아쉬웠다.

우리가 여러 기관을 방문하면서 느낀 점은 참으로 사람들이 지나칠 정도로 친절하다는 것이었는데 이 서점주인 또한 예외가 아니었다. 또한 보여준 책중 마치 해리포터에 나오는 마법의 책 같은 묵직하고 쾌쾌 묵은 듯이 커다란 책은 한 페이지 한 페이지에 악보가 그려져 있었다.

마침 우리가 방문한 날이 일요일이라 그런지 다른 나라에서 온 가족단위의 방문객들도 만나 가벼운 인사들을 나눴다. 푸근한 날씨에 비 같은 눈을 맞으면서도 흐뭐의 방문객들은 아름다운 마을의 모습을 눈에 담으며 서점들을 드나들었다. 물론 개중에는 문이 닫힌 곳도 있어 우리도 겨우 3곳의 서점만을 방문했다. 옛날에는 마을 주민간의 갈등을 완화하기위해 책방을 주제별로 전문화(유아, 해양, 역사, 예술, 항공, 지역 등)한 것으로 유명했지만 책방들이 폐업이 는 요즘은 모두 총괄하는 일반적인 책방들이 되고 있다고 한다.

흐뒤 책마을 대표는 자신이 운영하는 식당에 손님이 많아 간담회에 참석하지 못해 아쉬웠다며 흐뒤마을의 오래전 모습들이 담긴 달력(8유로, 12,000원)을 우리 모두에게 한 부씩 전달한 뒤 흐뒤 책마을을 배경으로 우리의 방문을 기념하는 사진촬영을 했다.

들장미와 미친성 (De Eglantier & Crazy Castle)이라는 서점을 운영하는 올드레이드 (Miep Van Duin) 의 책방에 들렀을 때 인상적인 것은 피노키오를 만든 제페토 할아버지 같은 친근한 인상의 남편이었다. 가운데를 뻥 뚫리게 만들어놓은 3층 책방의 모습은 참 예뻤다. 곳곳에 두 분의 애정의 손길이 얼마나 깊은지 느낄 수 있었다. 책방 점원이 꿈이었던 남편 덕택에 도서관 활동을 오래 할 수 있었던 나였기에 8월 책마을 축제에 남편과 함께 다시 한 번 이곳을 방문하고 싶다는 마음을 전달하며 우리는 그렇게 책마을과 아쉬운 이별을 했다. 특히 우리는 눈길을 다시 3시간 넘게 달려야 했기에 날이 저무는 것이 두려워 서둘러 흐뒤 책마을을 뒤로 하며 한 권 한 권 고서의 맛을 음미하지 못한 아쉬움을 달래며 차에 올랐다.

프랑스 최대 공공급식 협동조합

프랑스 연수 7일차 시헤스코

연수 마지막 날을 맞았다. 우리의 아쉬움을 하늘도 아는지 부슬비가 내리고 있다. 오전 9시 숙소를 출발해 프랑스 최대 공공급식 협동조합인 시헤스코(SIRESCO)를 향했다.

잠시 인사를 하고 식재료 보관 장소와 조리 현장을 둘러보며 설명을 들었고 시헤스코 운영에 관여하는 시의원들과 점심을 먹으며 간담회를 가졌다. '건강보다 맛을 중시한다'는 말을 누가 했지만 정말 다른 곳에서 먹었던 짜거나 싱거운 음식과는 달리 정말 맛있었다. 유기농 밀가루로 만들었다는 빵과 디저트로 나온 치즈가 참 인상적이었다.

시헤스코는 파리 근교 코뮌(우리의 구청과 읍 · 면 · 동의 중간 정도인 기초지방자치단체) 16개가 참여하여 만든 공공급식협동조합이다. 20세기부터 프랑스에서는 학교의 발달과 함께 공공급식제도가 생겨났는데 공공급식조합은 유럽의 많은 사회제도의 탄생이 그러하듯이 대부분 파리근교 도시들 중 공장지대나 산업 지대 등 도시 노동자들이 많이 사는 지역을 기반으로 민중들의 힘이 강해지면서 사회적 욕구에 의해 탄생되었다.

우리나라의 급식제도 탄생이 산업화된 사회에서 여성의 사회 참여가 확대됨에 따라 나타난 현상인 것처럼 과정이 우리와 비슷했다. 또한 로컬후드 사용을 통해 환경과 식량주권을 지키고자 하는 출발점도 우리의 급식운동과 맥을 같이 했다.

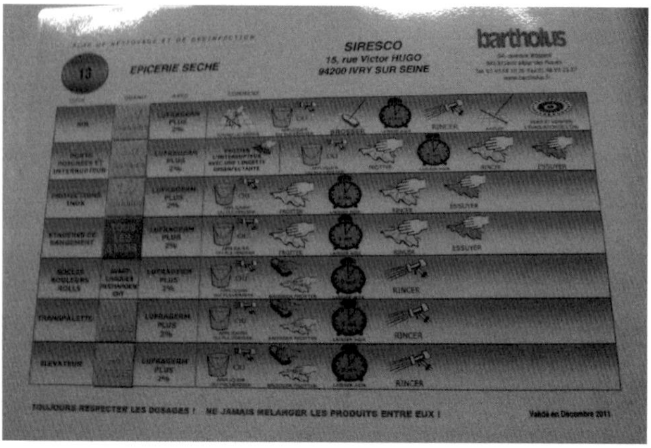

1993년 코뮌간 공공급식조합이 만들어지는 과정은 급식의 현대화 과정에서 무분별하게 급식이 사유화 되는 것을 막자는 취지에서 지방의원들이 공공서비스로 하기로 결정을 한 것이다. 그래서 조합이라는 협력적 관계로 코뮌간 조합으로 결정하였다.

특별히 시헤스코의 발전에 가장 기여한 사람은 송피니의 의원 알랑 파통이다. 그는 요리사이자 요리전문대학교 선생님이고 프랑스의 해산물 등 식재료를 잘 아는 전문가요, 프랑스 미식가를 위한 책을 만드는 출판인이었다. 의원 개인이 가진 요리사로서의 직업의 전문성과 의원 역량의 바람직한 조화가 시헤스코의 초석을 놓고 발전을 시켰으며 그가 가진 네트워크 또한 크게 작용했다고 동료들은 그를 존경했다.

시헤시코 시설의 내부는 모든 식재료의 반입에서부터 전처리과정 조리 보관의 전 과정을 누구나 쉽게 알 수 있게 입구마다 과정별 작업요령, 작업온도, 장비 취급요령, 조리시간, 보관 기일 등이 상세하게 그림과 함께 표(왼쪽 사진)로 표시되어 많은 다국적 노동자 등 누구든 작업요령을 쉽게 숙지하도록 표시되어 있었다.

또한 각 유통 과정마다의 원칙이 정말 철저히 지켜지는 모습을 보았다.

이곳에서 만든 음식은 학교 급식뿐만 아니라 독거노인이나 외출이 불가능한 장애인 저소득층 등 사회적 공공급식의 수요를 충족시켜주고 있었다.

대부분의 식재료는 프랑스산이며 유럽연합의 확대 개념으로 유럽 내 생산품도 로컬후드로 본다. 로컬후드란 식재료의 이동을 위한 에너지 소비가 없는 지역 농산물을 말하며 중간 거래인의 단계를 최대한 줄여 생산자와 소비자의 간격을 줄이는 개념이 포함된다.

또한 식재료 반입에서부터 전처리 과정, 조리 과정, 포장과정, 배송과정 등 모든 과정을 철저히 관리하고 전체 과정을 투명한 생산 유통 관리 시스템이 적용되고 있었다.

프랑스 당국은 한 번 검열을 나오면 6시간씩 소요될 정도로 꼼꼼이 체크를 하기에 시헤스코 자체의 엄격한 기준과 원칙으로 인해 20년간 식중독이나 급식 사고가 없었다는 긍지를 가지고 있었다.

우리의 경기도 정도에 해당하는 일드프랑스 안에는 1400개 정도의 코뮌이 있다. 또한 파리를 둘러싸는 3개의 데파트멍이 있고 그 안에 코뮌이 122개가 있으며 이중 16개가 참여하고 있다.

시헤스코의 법적소유권은 지자체에 있다. 그러나 실제 운영 권한은 시헤스코에 있다. 그리고 시설을 이용하는 임대료를 시에다 매월 지급하며 시헤스코에는 대표 외 5명의 부대표가 있으며 16개 코뮌을 대표하는 34명의 중앙위원이 있다. 중앙위원회 구성 방법은 1일 9천500개 이상의 급식을 소비하는 코뮌의 대표는 3명, 나머지는 2명씩 참여하며 16개 코뮌의 의원과 의원들의 대표 등 지방자치단체가 참여하여 구성되는 조합으로서 이들이 예산을 관리하고 대부분의 시헤스코 운영 방향을 결정한다.

16개 지방자치단체가 참여하는 공공급식 협동조합이었지만 운영방식이나 의사 결정 구조 등에는 그들의 민주주의 역량이 충분히 반영되어 있었다. 이런 협동조합으로서의 경영원칙은 상생의 공공서비스로서의 공공급식제도를 발전시켰으며 동시에 코뮌간의 협력관계를 강화 시키면서 또 다른 대안적 경제의 바람직한 모델을 구현하고 있었다. 또한 상생의 경영 원칙들이 반영된 공공 정책이면서도 현재 진행되는 유일한 경제적 수익도 가능한 발전 전망을 가진 주민들을 위한 정치행위로 평가되고 있다.

빈센트 반 고흐의 작품이 살아 숨쉬는 도시

프랑스 연수 7일차 오후

1시간 30분 정도의 점심 간담회를 마친 뒤에는 세계적인 화가 빈센트 반 고흐가 두 달여 가량 살면서 마지막 생애의 모든 열정을 화폭에 담아내고 생을 마친 호베흐쉬즈와즈시를 향했다.

부슬부슬 내리는 비를 맞으며 호베흐쉬즈와즈 시청에 도착한 우리는 시장과 시의원과의 간담회를 통해 주민 7천여 명의 작은 규모 마을을 연간 30만 명의 관광객이 찾는 것은 관광 사업 중심의 특별한 지방자치가 행해지고 있기 때문이라는 것을 알 수 있었다.

이 도시를 많은 사람들이 찾는 이유는 파리에서 30㎞이내에 위치한데다 고흐가 살던 당시 그대로의 마을 모습이 보존되어 있고,

자연경관 또한 아름답게 보존되어 있기 때문이라고 한다. 특히 자연경관이 수려해 인상파 화가들이 많이 찾고 있다고 한다.

이곳은 세계적인 화가인 빈센트 반고호가 권총자살하기 전 70일 동안 거의 매일 마을의 풍경을 그린 〈호베흐쉬즈와즈〉 마을로서 일드프랑스 헤지옹 발두와즈 데빡트멍에 위치한 코뮌이다. '까마귀가 있는 보리밭' '오베르의 교회' 등 그림 속 원형을 그대로 보존하고 있는 시청, 마을의 전체 정경이 온통 거대한 그림책 같았다. 어쩌면 관광객인 우리까지도 먼 훗날 그림 속의 한 부분을 장식하지 않을까 하는 착각이 들었다.

시장은 오래전의 마을 모습을 그대로 보존해 온 정책을 펼친 것이 24년 동안 시장자리를 유지할 수 있었던 비결이라고 했다. 19세기 건물이 보존되도록 노력하면서 건축허가 제한, 높이 제한을 하면서도 주민들의 삶이 풍요로워지도록 노력한다고 했다.

부슬부슬 내리는 겨울비가 오히려 우리를 이 도시에 더 젖어들게 만들었던 것 같다. 의원들 대부분은 비가 내리는 상황 속에서도 차를 타기 보다는 도보를 통해 큰 건물 앞에 설치된 반 고흐의 작품과 실제 모습을 실측하듯 비교해 보며 고흐 무덤까지 주민의 도움을 받아 볼 수 있는 기회를 가졌다.

많은 인상주의 화가들, 특히 고흐와 세잔 등 전 세계의 100대 화가들이 이곳을 거쳐 갔다. 그리고 그들의 작품 속에 들어있는 호베흐쉬즈와즈를 보존하고 관광객들을 유치하는 것이 바로 최고의 관광정책이라고 한다. 24년간 장기 집권한 시장님의 공약은 19세기 건물들을 그대로 보존해 주는 것이고 프랑스가 전통을 존중하고 보존하기는 하지만 이렇게 보존하는 곳은 없다고 자랑하셨다.

호베흐쉬즈와즈 시장의 말이다, "우리는 과거의 도시 성격과 정체성을 그대로 지켰습니다. 19세기 건물을 크게 손 본 것이 없습니다. 이렇게 하는 것은 쉽지 않은 과정이고 투쟁이었습니다."

우리는 이곳에서 과거 도시의 전통이나 정체성을 그대로 살리는 일이 얼마나 소중한지, 또 그것을 지켜내는 것이 얼마나 힘든 일인지를 느낄 수 있었다. 우리나라의 경우 아름다운 전통 한옥의 가치가 높아지고 있지만 전쟁으로 소실되고, 현대식으로 개조되면서 우리의 아름다움을 많이 잃은 것에 대해 이곳을 방문하다 보니 더욱 아쉽다는 생각이 든다.

우리 구리시도 부존자원이 부족하고 지역규모가 작기에 오히려 여기 호베흐쉬즈와즈시를 연구할 필요가 있다. 우리가 지금 세계 속의 구리시를 만들기 위해 고구려의 기상을 외치고 있는 것처럼 과거역사를 활용해 도시 전체를 스토리가 있는 도시로 만들어 이런 문화가 관광 사업으로 연결되도록 할 필요가 있다고 생각해본다.

Ⅳ

일본 연수

지역 만들기는 지역주민들이 함께 나서서 추진할 때 성과를 거둘 수 있다.
시간에 쫓겨 정부 지원금으로 사업을 추진하고 정부 지원이 끊기면
사업도 흐지부지되는 일이 많다. 주민들이 자발적으로 사업을 추진할 수 있는
추진체계를 갖추도록 지원하는 것이 중요하다.
현재처럼 '관이 주도하는 민간조직'이 아니라
'관이 지원하고 민간이 주도하는' 형태의
새로운 법인이나 사회적 기업, 협동조합들을 육성해야 한다.

IV

다양한 지역 활성화 사례를 찾아

구리시의회 의원들의 중국 연수 계획이 잡혔다. 그러나 의회 측이 마련한 중국연수 코스는 이미 내가 개인적으로 다녀온 곳이었다. 나는 별도의 연수를 계획하고 계획서를 제출했지만 동료의원들이 동의하지 않았고, 의사과장 조차 동의하지 않았다. 사실 지방의회의 해외연수 경비는 겨우 동남아시아를 관광할 정도 밖에 되지 않는다. 이에 따라 일부 시 · 군 의회는 의원들을 반으로 나눠 격년씩 몰아주기를 통해 유럽 등의 선진지 견학을 하기도 하는 등 운용의 묘를 살리는 곳이 있기도 하다. 그러나 우리시 의회는 여러 가지 이유로 민주적인 논의구조가 정착되지 않아 의사과에서 만들어주는 대로 연수, 아니 관광을 다녀오고 있을 뿐이다.

의회 내 관계가 불편해 심도 있는 논의도 어려웠지만 급조된 해외연수 프로그램은 사전 해외연수심의위원회를 거치지 않은 상태에서 이미 결재가 진행되고 있었다. 지난 2012년 '구리시 살기 좋은 마을 만들고 가꾸기 조례'를 발의한 나의 입장에서는 일본의 선진지 마을 만들기 사례를 보고 싶어 독자적인 해외연수 경비를 신청하고 해외연수 심의위원회를 열어 달라고 요청했지만 의장은 나의 의견을 묵살했다. 심의위원회에서 통과되지 않을 것이라는 것이 그 이유였다.

나와 의장을 뺀 구리시의원들의 해외연수는 심의위원회조차 거치지 않은 채 여행사 프로그램에 따라 진행되었다. 그전까지만 해도 별다른 절차 없이 연수 준비가 진행되던 중 행정절차와 법을 거론하는 나의 지적에 형식적 서면심의 후 그들은 그렇게 중국연수를 떠났다. 내가 알아본 연수일정은 3박4일이었지만 정례회 회기로 인해 나는 2박3일로 일정을 맞추고 또다시 자비 180만원을 들여 일본의 마을 만들기를 알아보기 위한 연수를 떠났다.

해외 연수는 선진지 견학을 통해 의정활동에 도움을 주고자 시민의 혈세를 나누어 공부하게 하는 것이다. 그러나 그 취지가 무색함에 힘 없는 초선 비례의원의 설움을 연수보고서로서 이 글에 담는다. 우리는 해외 연수를 다녀오면 연수 보고서를 내는 것이 법적사항인데, 의원 3명이 미국을 다녀온 보고서는 생각이 다르다는 이유로 연수보고서조차 없었으며, 구리시의회 연수보고서는 다녀오지 않은 사람이 쓰는 경우도 있으니 이 얼마나 웃지 못할 일인가?

나의 일본 연수는 2013년 11월 17일부터 11월 20일(수)까지의 일정으로 진행되었으며 참가자는 성북구의회 의원 2인, 용산구의회 1인, 남해군 공무원 3인 그리고 나로 모두 7명이었다. 전액 사비로 참석한 사람은 나 한 사람뿐이었다. 사실 나는 지난 2년 동안 법적으로 정해진 해외 연수 경비를 한 푼도 사용하지 못했다.

우리의 연수 목적은 지역의 유휴공간을 활용한 지역 활성화 사례와 일본 도심지역의 마을 만들기 사례, 시민의 참여와 협력을 통한 참여형 환경도시 사례, 일본의 도시 농업 운영 현황을 둘러보는 것이었다.

우리의 이동경로는 신주쿠(장난감박물관) → 요코하마(호스트빌리지, 시민갤러리) → 세타가야(세타가야구청) → 무사시노(시청) → 아다치(도시농업공원) 이다.

초등학교 건물을 리모델링, 미술관으로 재개방

일본 연수 1일차 Tokyo Toy Museum of Art (신주쿠 요시야)

이른 새벽 5시 일본 연수를 위해 집을 나서 6시 공항 G출국장에서 성북구 정형진 의원, 설혜영 의원, 목소영 의원은 물론 낯선 남해시청 공무원 등 일행과 합류한 후 8시30분 비행기에 올랐다. 2시간의 비행이지만 저가의 제주 항공을 이용해서 그런지 아침밥은 주지도 않았고 겨우 물 한 잔을 요구해 마셨을 뿐이다.

허기진 배를 부여안은 채 비행기 안에서 착륙 시간만 기다리던 일행 모두는 나리타공항에 내리고도 1시간가량을 더 이동한 끝에 아침 겸 점심 식사를 할 수 있었다. 다행히 우리가 찾았던 곳은 고기 뷔페식당으로 한적한 분위기 속에서 다양한 일본식 음식들을 맛

보는 기회를 가질 수 있었다

또다시 1시간가량을 달려 도착한 곳은 요시야에 있는 장난감 박물관. 오후 2시40 분경 약간의 관람 요령을 듣고 폐교를 이용해 장난감 박물관으로 변신한 8개 테마의 교실을 1시간가량 둘러봤다. 이 과정에서 아이들과 부모들, 그리고 큐레이터의 설명하는 모습, 그 속에서 웃고 즐기는 다양하고 즐거운 모습을 지켜봤다. 폐교가 지역사회의 장난감 박물관 겸 미술관으로 변모 하게 된 설명을 오후 3시30분부터 1시간30분 동안 들으며 질문을 이어간 우리는 결국 오후 5시 폐관시간에 밀려 서둘러 몇 가지 기념품만 사들고 나왔다.

이번 방문의 설명은 법인운영부의 야마노씨가 맡아줬다. 야마노씨는 파워포인트를 활용해 폐교와 NPO(NPO: Non Orofit Organization 비영리활동법인)의 노력에 대해 상세하게 설명해 주었다. 야마노씨에 따르면 NPO가 운영하는 이 장난감 박물관은 TIME&MONEY를 모토로 시민 모두가 함께 만든다는 목적으로 설립되었다고 한다. 또한 NPO는 장난감 전문가 육성을 위한 강좌를 개설, 연 4천명의 전문가를 배출하고 있는데 2일간의 강좌를 이수한 사람들은 모두 1만5천명에 이른단다.

장난감 박물관은 폐교에 자리 잡기 전인 30년 전 이미 작은 공간이었지만 문을 열어 연간 5천 명씩의 방문객을 맞았다고 한다. 이어 NPO인 굿토이위원회가 신주쿠의 초등학교에서 〈장난감 포럼〉을 개최한 인연으로 2007년 봄 폐교된 요츠야 제4초등학교로 〈도쿄 장난감 박물관〉을 이전 재개하게 되었다. 아이들의 출생률이 줄어들면서 학교가 폐교 위기에 몰리자 지역민들은 독일인의 설계로 70여 년 전에 지어진 이 멋진 공간을 지켜내기를 희망하였고, 폐교에 계속적으로 경비를 지불하는데 난색을 보였던 신주쿠는 주민과의 대화를 통해 공간을 주민에게 돌려주는 대신 임대료와 광열비는 주민들이 납부하고 이사비용은 지원해주지 않는다는 조건으로 2006년 6월 의견을 타진하고 2007년 1월 구의회의 승인을 얻어 2008년 4월 개관하게 된 것이다.

도쿄 장난감 박물관의 가장 큰 매력은 학예원제도. 학예원이란 자원봉사를 하는 장난감 큐레이터를 말하는데, 등록된 학예원의 수가 200명에 이르며, 20~80대까지 다양한 연령층의 사람들이 연간 3천명씩 지원하고 있다고 한다.

일본 내 대부분의 박물관은 지자체가 운영하지만 이곳은 직접 운영비를 벌어 유지해야하는 상황이다. 이곳을 이끈 사람들은 장난감을 문화로 취급하지 않는 고정관념에서 탈피, 발상의 전환을 하여 장난감을 문화로 만들겠다는 의지로 기부자들을 모았고 기부자 1천500명에 3천500만 엔을 모으고 융자를 통해 1억 엔의 시설비와 임대료 1천만 엔을 내가며 박물관을 진행했다.

박물관은 시민 기부를 활성화하기 위해 한 계좌 (1만 엔)이상 기부한 후원자에게는 '한계좌 관장' 이라는 호칭을 부여했다. 클라우드 펀드가 생소했던 일본에서 박물관 측의 이런 계획이 성공할지 많은 우려를 했지만 박물관의 적극적인 홍보와 시민들의 호응으로 주민들은 기부금을 내는 것뿐만 아니라 교육과정에도 참여하고, 자원봉사직인 '학예원'이 되는 것에 앞장섰다.

	주요사업	수익금
1	인재육성사업	3000만엔
2	이벤트 사업	1000만엔
3	회비 기부 수입	2000만엔
4	미술관 입장료	5000만엔
5	지원금 및 보조금	4000만엔

(2012년)

개관 초기에만 반짝 방문객들이 많이 찾는 대부분의 박물관들과 달리 장난감 박물관은 해가 갈수록 점점 방문객이 늘어 가는 현상을 만들었다. 폐교를 이용한 재개관 첫해인 2008년에는 6만 명이 방문해 3천400만 엔의 입장수입을 올리는데 그쳤지만 2012년에는 10만 명이 방문해 5천만 엔의 수입을 올릴 수 있었다.

또 2012년 박물관 운영을 책임지고 있는 굿토이위원회의 수입 내역을 보면 교육사업과 회비 기부 수입이 상당한 비중을 차지하고 있음을 볼 수 있다.

이 폐교 건물은 L자 모양인데 일부는 지역민을 위한 문화공간으로 소액의 비용을 받고 대여중이며, 다른 일부는 도쿄 토이박물관으로 이용되고 있다. 이곳은 박물관 숍, good toy gallery, special Exhibition, wppd toy forest, Toy Factory, game Salon, Toy square Red, Toy square yellow로 구성되어 있는 1~8번 방으로 구성되어 있는데 우리는 이 모든 곳을 체험했다.

이곳이 운영 될 수 있는 가장 큰 힘 중 하나는 10개의 교실을 담당하는 자원봉사자, 즉 장난감 학예원이다. 이들에게는 교통비와 점심 도시락 값이 지급되는데 이들의 자긍심을 높이기 위해 자원봉사자라는 호칭을 쓰지 않으며 양성강좌를 거친 사람만 참여할 수 있다고 한다. 이들은 양성강좌를 유료로 수강하고 NPO에 연 5000엔 회비를 납부하는 것은 물론 유니폼이나 에이프런도 각자 구입해야 하지만 자신의 특기를 살려 활동하는 것을 즐긴다고 한다.

예를 들어 유명한 축구선수가 직접 와서 Table Soccer의 놀이 방법을 가르치고, 장기나 바둑은 프로기사들이 직접 아이들과 놀아 준다는 것이다.

박물관 측은 이같은 방법을 통해 장난감을 갖고 노는 방법을 유료로 교육했고, 전문가 봉사자들을 통해 방문객들의 만족도를 높이며, 장난감이란 매개를 통해 다세대교류라는 새로운 문화를 형성하였다. 대체로 한 가족이 여행을 하면 아빠, 엄마, 아이가 모두 서로 다른 일들을 하는데 이곳에 오면 가족들이 장난감 놀이를 통해 대화가 시작된다는 것이다. 이와 함께 자원봉사자들이 학예원으로 근무하는 덕에 인건비로 연간 3천만 엔을 절약할 수 있었던 것도 운영상의 메리트로 작용했다.

또한 기술자들은 고장 난 장난감을 고쳐주는 활동을 하고 있다고 한다. 야마노씨는 놀이에 있어 대화가 중요하다는 사실을 다시 한 번 강조하고 이곳을 통해 기부사회를 구축했다고 자평한다.

야마노씨는 유럽의 경우 할아버지가 쓰던 장난감을 손자가 물려받아 가지고 노는데 반해 일본에서는 대량 생산해 대량 소비되고 있으며 그나마 플라스틱 장난감이 99%를 차지하고 목재장난감은 1%에 그치고 있다고 설명했다. 다행히 이곳의 장난감중 90%는 목재이며 일본의 임야청에서 나무로 만든 장난감을 보급하는 차원에서 forest agency로 참여하고 있고 지자체는 태어난 아이들에게 나무로 만든 1만 엔짜리 장난감을 축하선물로 교부한다고 한다. 한국에서는 북스타트라고 해서 책을 주는데 이곳에서는 우드스타트를 하는 셈이다.

이 지역에서는 지산지소(地山地消), 즉 그 지방의 나무를 그 지방에서 사용하며 목육(木育), 즉 나무로 아이를 키운다는 목표를 세우고 100년 된 나무로 아이들의 놀이 공간이자 쇼룸을 만들어 주고 있다. 앞서 말한 것처럼 신주쿠시도 아이 출생시 1만엔 정도의 나무장난감을 아이 부모에게 축하 선물로 보내 이 장난감 박물관의 운영에 도움을 준다고 한다. 일본에서는 신주쿠 지역 외에도 여러 곳에서 우드 스타트를 전개하고 있다.

세계의 산림률을 보면 1위 73.9%, 2위는 일본으로 86.2%이고 한국은 63.5%로 4위를 차지하고 있다. 야마노씨의 설명을 들으며 우리나라도 이처럼 나무가 많은데 왜 우리나라에서는 나무 장난감이 보급되지 않았을까 생각하게 되었다. 이 지역에서는 나무를 다루는 장인이 가구 산업의 침체로 전망이 어려워지자 우드토이 사업과 연계하게 되었다고 한다.

올해에는 오키나와 쿠니가미 마을이라는 곳에서도 장난감 박물관이 문을 열었는데 설립목적은 고용창출, 지역산업창출, 목육문화창출이라고 한다. 쿠니가미 마을은 나리타공항에서 자동차로 2~3시간 소요되는 곳에 위치하고 있고 인구는 4천900명의 작은 마을이다. 그동안 숲이 많아 주로 가구사업을 해왔는데 가구산업의 침체로 어려움을 겪게 되자 결국 마을 주민들의 투자와 기부모금 활동으로 박물관을 개설하였다. 그리고 그 지역의 나무만을 활용, 지역

특색물인 새모양의 장난감을 만들고 기부자에게는 이름을 적어 감사의 뜻을 전달하는 등 기부금 문화를 형성해 나가고 있다. 이런 활동은 지역의 나무를 소재로 지역의 특색물을 만듦으로써 또 다른 지역문화를 창출한 좋은 사례로 꼽히고 있다.

야마노씨는 한국보다 먼저 출산율 저하, 고령화를 겪고 있는 일본이지만 적어도 신주쿠는 출산율이 올라가고 있다며 이는 여러 이유가 있겠지만 우드스타트 효과가 아니겠냐고 웃으며 말했다.

오늘의 장난감 박물관 방문을 통해 장난감은 예술, 즉 멋진 촉감과 멋진 소리의 전달을 희망하며 아이들에게 좋은 장난감을 접하게 해주겠다는 마음으로 30년전 시작한 일이 장난감을 매개로 한 대화의 장으로 발전한 아름다운 모습에 감동을 받고 귀여운 웃음이 매력적인 야마노씨와의 인사를 끝으로 장난감 박물관을 떠나왔다.

저녁 식사 후에는 오늘의 숙소인 요코하마의 고토부키쵸에 마련된 쪽방체험을 위해 이동했다. 도시나 국가가 발전하는 과정에는 화려한 모습 이면에 반드시 힘든 노동의 삶을 살아가며 그림자 역할을 해온 일용직 노동자들이 있었다. 오늘 저녁 숙소는 이러한 노동자들이 모여 살던 숙박촌 마을이다.

엘리베이터 없는 계단을 5층까지 오르니 좁은 복도를 따라 여러 개의 방문이 즐비하게 놓여있고 저 멀리 세탁기와 간이 주방이 보였다. 20여개가 넘는 방에 화장실 2개, 욕실 하나로 서로 배려하며 사용하지 않으면 갈등도 있을 수 있겠다 싶었다. 그러나 욕실 문 옆의 작은 칠판에 욕실사용 예약 시간을 적어 놓도록 되어 있어 다음 날 욕실 시간과 방 호실을 적어놓고 방에 들어갔다. 다다미 3장으로 만들어진 방에는 작은 TV와 40cm가량의 작은 접이식 테이블이 있었다. 이불을 깔고 누워 천장과 방을 둘러보니 편안함 안락함 보다는 왠지 쓸쓸한 생각이 든다. 잠깐 일행들과 밖으로 나가 일본 주류문화를 접하고 방에 누워보니 고단한 삶을 살았던 일용직 노동자들의 모습이 어렴풋이 지나가는 듯 했다.

슬럼화된 지역에 불어온 변화의 노력

일본 연수 2일차 호스텔빌리지 (요코하마 고토부키쵸)

오늘은 오전 8시 아침 식사를 한 후 오전 9시 어젯밤을 지낸 호스텔 빌리지의 역사에 대한 설명과 운영자와의 간담회가 준비 되어 있었다.

일본식 아침 팀과 서양식 아침 팀 2팀으로 나눠 식사를 한 후 호스텔 빌리지 로비에 마련된 간담회 장소에서 영상자료 등을 보며 호스텔 빌리지의 탄생 역사를 배웠다.

일본의 버블 경제로 인해 많은 노동자들이 직장을 잃고 이들이 늙어 가면서 일용직 노동자들의 숙소였던 이 마을은 슬럼화의 길로 접어들었다. 당시 6천500여명의 인구 중 50%가 65세 이상이고

80%가 복지대상자로 대부분 독신 남성들이 주를 이루어 경찰조차 찾기를 기피하는 곳이 되었다 한다.

요코하마의 일용직 노동자들이 일자리를 잃고 고령화 되어 가면서 인구는 감소되고 이 숙박촌은 8천여 객실 중 2천여 객실이 공실로 남게 되었다.

이처럼 슬럼화 된 마을에 변화의 바람이 분 것은 비영리 활동법인인 고토랩이 이곳을 호스텔 빌리지라는 공간으로 변화시키는 활동을 하면서 부터다. 도쿄와 가깝다는 거리상의 이점과 볼거리가 풍부한 요코하마의 장점을 내세워 외국인 관광객들에게 다다미 3장짜리 방을 저렴한 가격(1박 3천 엔)에 숙소로 제공하면서 배낭족들에게는 제격인 명소가 되었다고 한다.

여행객들 사이에 입소문을 타면서 한 달에 1천박 정도의 숙박을 기록하고 재방문율도 늘어나게 되면서 주민들은 마을식당, 마을 커뮤니티공간을 만들게 되었고 저렴한 식사비로 주민들의 고단한 삶을 어루만져 주게 되었다. 약이 필요한 사람들에겐 약을, 옷이 필요한 사람들에겐 옷을, 일자리가 필요한 사람들에겐 일자리를 만들어 주는 커뮤니티공간은 이들에게 소중한 공간이 되었다.

특히 고토랩은 지방에서 올라온 아티스트들에게 무료 숙박을 제공하기도 하여 이들이 마을에서 주민들을 대상으로 무료공연과 교육을 통해 예술 프로그램을 진행하게 되면서 고토부키쵸에는 특유의 문화가 형성되었고 무엇보다도 주민들이 달라지기 시작했다고 한다.

호스텔빌리지 사업은 경제적 이익뿐만 아니라 주민들의 문화도 바꿔 놓아 주민 스스로 내부를 수리하고 거리와 옥상에 화분을 설치하는 것은 물론 곳곳에 벤치 제작 및 1평 평상들을 만드는 등 마을에 공동체 문화를 만들어 가고 있다는 것이다. 비록 낡은 건물들이 즐비해 있지만 거리 곳곳에는 예쁜 화분들이 놓이게 됐고 쓰레기 분리도 잘 되며 쓰레기 무단투기 없이 일정한 공간을 만들어 쾌적한 거리를 만들려는 모습들이 곳곳에 눈에 들어 왔다.

숙박촌 내에는 식당이 없어 마을 주민들이 아침 식당을 운영해 여행객들에게 싼 값에 식사를 제공함으로써 지역민들의 소득향상에 도움을 주게 되었는데 하루에 300그릇 이상 팔릴 정도로 인기가 좋다고 한다. 그러나 현재 6명의 직원이 빈방 40여개를 운영하는데 2012년 연 매출이 약 2000만 엔 정도라 직원들의 급여충당이 어려워 다른 지역 활성화 사업과 연계하여 통합 시스템으로 운영하고 있다.

고토랩은 일본 특유의 좁은 집구조로 많은 사람들이 모일 수 없는 애로사항 해결을 위해 상가를 렌트, '모퉁이 방'을 만들어 모임 행사시에는 이 모퉁이 방을 대여(30분 기준 1인 500엔)해 주고 있으며, 예약제로 주산교실이나 댄스교실로 운영하기도 한다고 한다.

또한 고토랩의 한 사업중 쪽방에서 사용하는 것은 좁은 공간상 장기 체류가 힘들다는 단점이 있어 이 단체는 4개의 원룸을 이용해 민간아파트로 가기전의 복지 대상자들에게 더 나은 삶의 공간과 분리수거 등의 공동체 생활에 필요한 교육을 시키기도 한다고 한다.

고토랩이라는 비영리 민간단체의 주도로 시작된 호스텔 빌리지 사업은 새로운 마을 만들기의 또 다른 모습이라고 생각된다.

근대 은행건물을 활용한 지역문화 만들기

일본 연수 2일차 '뱅크아트 1929'

어릴 적 무심코 따라 부르던 노래중 '블루라이트 요코하마' 운운하는 가사가 있다. 그래서 일까? 왠지 낯설지 않은 화려함 속에서도 비어져 있는 건물들이 많아 이를 재활용하려는 고민과 노력들이 곳곳에서 숨 쉬고 있음을 볼 수 있었다.

요코하마시는 150년 전 개항 당시부터 일본 국내외의 다양한 물자와 사람의 교역 도시로 번성했었고, 번성한 만큼 물류 창고들도 많았으리라. 지금도 도심에는 역사적 건물들이 많이 남아 있는 등 당시 재즈와 음식, 패션 등 그 시대의 다양한 문화를 보여주는 도시이기도 하다. 이에 '뱅크아트 1929'는 이러한 도시의 특성을 반영하여 지역주민과 외국 여행객들에게 예술, 다양한 음식문화로 대표되는 생활문화, 문화정보 도시를 알리기 위한 시설들을 운영하고 있다.

'뱅크아트 1929'는 요코하마시가 구 제일은행과 구 후지은행 등 1929년에 설립된 역사적 은행건물을 활용해 창조도시 만들기 사업으로 추진하는 내용이다. 문화예술 창조프로그램인 뱅크아트는 요코하마시로부터 관리를 맡은 NPO인'뱅크아트 1929'에서 건물을 무상으로 임대받아 운영하고 있다.

'뱅크아트1929' 건물 안에는 스튜디오, 출판, 카페, 서점, 팝 등에서 미술, 건축, 퍼포먼스, 음악 등 모든 장르를 대상으로 연간 650여건 이상의 다양한 문화 사업을 진행하고 있다.

뱅크아트 프로젝트는 3개의 기업으로부터 건물을 기증받아 요코하마 시가 시설을 제공하고 사업을 시작했지만, 운영은 민영화하는 이른바 공설민영(公設民營)을 원칙으로 추진하고 있다.

공설민영 시스템 구축을 위해 추진위원회, 요코하마시, 뱅크아트의 세 주체가 분기별로 회의를 개최하며 2004년부터 요코하마시가 공개입찰을 통해 선정한 2개의 NPO법인을 하나로 통합해 운영하고 있다.

재정적 지원을 담당하고 있는 요코하마시는 아트스페이스로 개조된 건물들의 장소운영비, 광열비, 운영위탁비, 사업보조금 등 연간 6천만~8천만 엔 정도를 지원하며 운영은 전문가들에게 맡기고 전혀 간섭이 없다는 점이 우리가 눈여겨 볼 점이다.

건물의 위탁운영을 맡은 NPO는 전시와 공연을 비롯하여 아티스트 레지던스, 출판, 교육, 컨설팅 등 연간 650여개의 문화예술 프로그램을 운영해 사업수익을 내고 있으며, 수익금은 시에 환수되지 않고 NPO의 운영자금으로 재투자 되어 NPO의 운영과 문화예술사업의 개발자금으로 활용되고 있다.

이곳에서 추진되는 프로젝트들은 요코하마가 개항도시라는 특색을 적극 활용한 무대예술, 전시, 축제 등과 연계된 것이며, 특히 한 · 일 교류프로젝트로 '조선통신사'와 '모던보이, 모던 걸을 찾아서'와 같은 행사도 진행되었다며 사진을 보여주었다.

또 '아트뱅크 1929'에서 추진하는 또 하나의 사업인'아티스트 인 스튜디오'는 8개의 스튜디오를 2개월 단위로 예술가들에게 빌려주는 레지던스 프로그램이다. 2개월에 8개 강좌를 기본단위로 하여 운영되는 이 프로그램에 참여한 강사진과 학생들은 다른 뱅크아트 프로젝터의 인적자원으로 활용되고 있다.

새로운 것을 추구하는 시대에 역사적 건축물들을 보존하면서도 생동감 있는 공간으로 재탄생시키는 모습이 보기 좋았으며, 창조도시 만들기 라는 프로젝트 속에 건물 하나하나를 소중히 생각하는 자세와 요코하마 시의 문화예술정책이 본받을 만하다.

주민과 행정이 함께하는 마을 만들기

일본 연수 2일차 오후 세타가야구 간담회

쌀쌀한 날씨에도 마을 만들기를 30년 이상 해 오신 마을 주민과 세타가야구청 직원들이 마중을 나왔고, 마을 내 간담회 장소로 이동하는 동안에도 동내 구석구석을 설명하는 열의를 보여 주었다. 간담회에서 끊임없는 질의응답을 하고 컴컴해진 날씨 속에 마을 만들기 사례 현장들을 둘러보았다.

도쿄도 중심에 위치한 세타가야구는 도쿄에서 가장 큰 구로서 45만세대 약 88만 명의 인구가 살고 있으며 2012년 기준 구예산은 2천427억엔이고 세타가야구청직원은 약 5천 명 가량이다.

세타가야구는 일본 내에서도 주민과 행정이 적절한 역할 분담으로 바람직한 마을 만들기의 시초가 된 곳이다 지난 1970년대 고도 성장으로 인한 공해문제와 자연파괴 문제 등이 불거지자 개발에 대한 주민들의 반대운동이 심화되면서 주민과 행정 간의 갈등의 골이 깊어졌다. 특히 골목이 좁아 화재발생시 많은 피해 상황이 우려되자 시와 주민이 타협을 하였는데 그 결과물이 마을 만들기의 시작이었다.

세타가야구의 마을 만들기는 타이시도 지역의 '목조주택 재정비 사업'으로부터 시작되었다. 1982년 마을 만들기 조례를 제정하고, 구청 내 마을 만들기 추진과를 설치함으로써 추진체제가 본격적으로 형성되었다. 이후 1992년에는 세타가야구청이 '마을 만들기 지원센터'를 설치 위탁하였다. 마을 만들기 지원센터는 주민들에게 환경설계 및 주민공동체에 대한 학습 기회를 부여했으며, 마을 만들기 펀드를 설립해 지속적인 재정확보를 추진해 나갔다. 세타가야구의 마을 만들기 지원센터는 주민협의회에 사업제안 및 주민 지원 상담을 하였고, 주민협의회는 세타가야구청에 사업제안을 하고, 주민 지원 및 상담 사업시행을 받았다.

세타가야의 마을 만들기 특징은 주민주도형 자연환경보전, 지속가능성을 특징으로 한다. 첫째로 행정편의성이 아니라 주민주도하에 주민의 생활공간을 변화시키는 것에 초점을 맞추고 있다. 또한 주민이 생활공간과 주민 참여도를 고려하여 권역을 설정하고 주민들의 일상생활공간을 변화시키는 사업을 주로 하는데 이때 행정은 지원을 담당하고 주체는 주민이 되는 것이다.

둘째로 하천복원사업을 비롯해 자연환경을 보호하는 활동을 주로 하는데 세타가야구에서는 물난리를 많이 겪었고 이후 하천을 복개하였다. 그러나 사라진 하천을 실개천으로 복원하는 '가리수야마가와 녹도 조성사업'은 찬반이 갈려 오랜 시간의 토론, 설득, 합의를 이루는 과정을 통해 현재 진행하고 있다. 세타가야구에서는 역사적 장소에 대한 주민들의 의식수준이 높아 자연경관을 훼손하는 행위를 철저히 방지하고 있다. 좁은 길이라도 사람이 다니는 공간은 녹색으로 따로 표시하여 보행자를 배려하고 있고, 주민들 스스로 소공원(포켓파크)을 만들기 위해 사유지를 매입하기도 한다.

셋째, 단순히 일회성 전시성 사업에 그치지 않고 지속적으로 추진함으로써 사업추진 성과를 높이고 있다. 마을 만들기의 최초 사업이면서 주민 제안 사업이기도 한 '타이시도 지역의 목조주택정비사업'은 1982년 11월 '타이시도 마을 만들기 주민협의회'를 발족하면서 벌써 30년째 지속적으로 사업이 진행되고 있다. 관동대지진 이후 저층의 목조주택이 밀집해 있던 타이시도 지역주민들은 '방재'를 목적으로 마을 만들기를 추진 중이다. 좁은 골목길을 정비하기 위해 부지 매입을 통해 길을 내기도 하고, 막힌 골목길을 뚫어 연결하기도 하는 등 일관된 목표를 가지고 오랜 기간 동안 지속적으로 사업을 추진해 오고 있다.

세타가야구의 마을 만들기는 행정에서 주민의견을 받아 들여 장기간 목조 주택 정비사업과 도로 확장사업을 추진하는 독특한 모델이다. 행정에서는 기본적인 예산 지원과 계획에 관여하고 마을에서는 실적적인 운영을 맡아서 하는 등 업무를 분담하여 처리하고 있다.

즉 도시 정비 (계획) 사업을 관주도로 일방적으로 하는 것이 아니라 장기간에 걸쳐 주민과 협의하면서 합의를 도출해 하나씩 풀어나고 있는데 우리가 반드시 배워야 할 것 같다.

녹지 확보로 주민교류를 위한 트러스트 운동

세타가야 트러스트 마치즈쿠리 재단은 세타가야구가 100% 출자하여 설립하였으나 사업을 통해 얻는 수익금과 각종 기부금, 국가 보조금 등을 통해 쾌적한 주거환경의 개선, 참여 연대 협동을 통한 마을 만들기를 추진하거나 지원하고 있다.

일본에는 마을 만들기 조직이 많이 있지만 시민들에게 녹지를 제공해 줄 목적으로 트러스트 운동을 하는 곳은 세타가야구 뿐이다. 지방 농촌지역에서 토지를 매입하여 녹지를 조성하는 트러스트운동과 달리 비싼 도심에서 녹지 확보를 위해 정책적으로 노력하고 있다는 특징을 갖는다.

300㎡ 이상의 대규모 녹지는 구가 토지를 대여 받아 녹지로 보존관리 하고 일반 시민에게 공개하고 있는데, 이렇게 하면 세타가

야구는 적은 재정으로 녹지를 확보할 수 있어서 좋고, 토지 소유자는 토지 보유에 따른 세금과 관리 유지비를 절감하는 이점이 있다고 한다. 50㎡ 이상의 작은 녹지는 세금우대는 없고, 자원봉사자들을 모집하여 구에서 유지관리를 대신 해주고 연 7일 이상 일반에게 공개하도록 유도하고 있다.

시민의 참여와 협력을 통한 참여형 환경도시

일본 연수 3일차 무사시노 시청

동경 23구의 서부에 위치한 무사시노시는 도쿄와 타마지구가 연결되는 접점에 위치하고 있으며, 도심으로부터 약 12km정도 떨어져 있다. 전국 668개 시중 653번째로 작은 면적의 무사시노시는 지난 20세기 일부 도시에서 시도한 '무늬만 환경 도시'가 아니라 아름다운 도시 경관과 쾌적한 생활환경은 물론 시민들의 자발적 참여와 협력을 통해 하드웨어와 소프트웨어가 조화를 이룬 도시라 할 수 있다.

1948년 무사시노 시에서 쓰레기를 수거하기 시작했고, 수거

량은 78톤에 불과했다. 주민들의 환경의식도 낮아 상당수가 후미진 곳이나 주변 공터에 쓰레기를 내다 버리기 일쑤였다. 그러던 중 1958년에 인근 미타가시와 공동으로 미타가시 구역 안의 넓은 밭을 매입, 쓰레기 소각장을 조성하면서부터 어려움 없이 쓰레기를 처리할 수 있게 됐다.

그러나 도시화가 급속히 진행되면서 소각장 인근에 시영주택, 중학교들이 들어서면서, 소각장 소음과 악취 등으로 1970년 8월 미타가 시청 앞에서 연좌시위가 시작되었다. 그때 일본에서는 대도시마다 공해와 쓰레기 문제가 큰 사회적문제로 대두되어 1971년 도쿄도지사는 '쓰레기와의 전쟁'을 선포하기도 하였다

1972년 3월 무사시노 시민들은 미타카시에 있는 소각장 대신 무사시노시만의 독립된 쓰레기 소각장을 설치해달라고 시의회에 건의했고, 무사시노시장은 이를 받아들여 소각장 설치 작업을 시작했다. 10월 무사시노시 클린센터 건설 특별시민위원회를 구성하고, 10개월 동안 총 26차례의 회의를 개최하고, 5차례의 보고서를 작성, 무사시노시청 앞 시영 종합운동장이 최적지라는 결론을 내렸다.

특별시민위원회가 제안한 규정에 따라 건설지 주변 주민들의 권리와 이익을 보호하는 차원에서 클린센터 및 주변 개발 계획, 배기가스 기준 및 굴뚝 높이 등을 결정하고 1984년 10월 시청 앞에 클린센터를 건설하게 되었다. 시청 앞 소각장 건립과정에서 보듯 무사시노시 지역의 마을 만들기 특징은 철저한 시민참여와 함께 시민, 시청, 시의회 등 주민자치 주체들의 참여를 통한 도시 비전 만

들기에 대한 합의를 도출해 냈다는 점이다.

무사시노 시민 46%는 조용한 녹색주택도시를 희망하기에 무사시노시는 쾌적한 환경도시를 강조하고 있다. 에너지의 효율적 이용 및 자원의 순환적 이용확대를 추진중으로 현재의 화석 연료중심 에너지 시스템을 연료전지 등 신재생에너지로 전환하기 위한 노력을 기울이고 있다. 그중 시민과 기업이 출자하여 신재생에너지를 생산하는'무사시노그린발전소'의 설립을 추진 중이다.

무사시노시의 커뮤니티 Bus 무버스

무사시노시는 교통소외지역 주민들의 불편을 해소하고 아울러 지역커뮤니티도 활성화하기 위한 목적으로 커뮤니티 버스를 운영하고 있다. 일명 무버스(MU Bus)라 불리는 이 버스는 교통 불편지역의 이동성을 강화하고 고령자와 유아 동반 시민 등 교통이동 약자들이 쉽고 안전하게 외출 할 수 있도록 이동수단을 확보하는 것이 목적으로 무사시노시가 민간 버스사업자에게 맡겨 운행하고 있다.

무사시노시는 버스정류장까지 300m 이상 떨어진 지역 및 정류장에서 300m이내라도 1일 버스 운행이 100건 이하인 지역을 교통 불편지역으로 정하고 노선을 결정하였다. 특히 고령화가 급속히 진전되는 상황에서 노인 인구의 이동성 강화를 위해 1991년 3월1

일 시내의 만 65세 인구는 11.7%로 고령자가 외출하여 건강하게 활동하려면 이동수단을 긴급히 정비할 필요를 느꼈다. 즉 무버스는 교통 불편지역을 해소하는 단거리 교통시스템이며, 고령자와 유아 동반 이용자도 무리 없이 이용할 수 있는 교통시스템이다.

일본에서 처음 도입된 무버스는 1995년 11월부터 운영되며 현재 시내 3개 역을 중심으로 9개 노선을 운영하고 있는데 2012년 기준 하루 이용자는 약 7천200명, 연간 260만 명이 이용한다고 한다. 특히 무버스는 저공해화에 중점을 두고 소형 디젤버스를 활용하고 있으며 배기가스 정화장치를 부착하고 있다. 버스비는 어른이나 아이 모두 100엔이며 미취학 아동만 무료이다. 간단한 요금 설정으로 손쉽게 승차가 가능하고 회수권 이용 시 1천 엔에 11장을 준다.

버스 승강구는 전동 보조시스템을 이용해 1단 높이를 15cm로 하여 노인이나 어린이들도 편하게 탑승하게 하였고 버스 내부시설도 노인들을 배려했다. 버스 내 커뮤티니 게시판을 만들어 '잃어버린 강아지 찾기' '바자회'등의 지역정보를 교환하는 장소로 자유롭게 사용하게 했으며, 항상 차에 우산을 비치해 갑작스레 비가 올 경우

안심하고 빌려 갈 수 있게 했다.

운행시간과 배차시간 역시 지역특성을 고려하여 노선별로 달리 하고 있다.

- 녹지가 풍부한 북동(北東) 순환노선은 운행거리가 1회당 5.2km로 34분이 소요되는데 오전 8시부터 오후 7시까지는 13분 간격으로 52편이 운행되고 있고, 공원 문을 닫는 오후 7시에는 시민의 편의를 위해 3대를 운영하고 있다.
- 주택가가 밀집되어 길이 협소하고 고령자 또한 많이 거주하는 동(東)순환 노선에는 운행거리가 회당 4.2km로 25분이 소요되는데 오전 8시부터 오후 7시까지 15분 간격으로 45편을 운행하고 있으며 통행 노선에 초등학교가 있어 등교시간에는 아이들의 안전을 위해 2편만을 우회하고 있다.
- 경남순환노선은 무사시노 역 남구가 기·종점이고, 지역 기간병원인 무사시노 적십자병원을 경유하기 때문에 통근 통학 통원에 사용할 수 있도록 오전 7시부터 오후 8시까지 20분 간격으로 42편을 운행하고 있다.

무사시노시는 시청 앞에 소각장이 있음에도 쾌적한 환경과 냄새가 나지 않는 상태를 유지하고 있으며, 청소차 또한 예쁜 디자인으로 꾸며져 있어 우리나라 초록색 청소차와 너무 대비되었다. 특히 소각재로 만든 의자가 인상적이었다.

도심공원에서 텃밭 가꾸기

일본 연수 3일차 오후

시카하마 도시공원에서 도시농업공원 전시관을 둘러보며, 다양한 체험활동의 흔적들을 둘러보았다. 처음에는 그저 일반적인 공원 같은 분위기를 쭉 느끼며 산보하듯 설명을 들으며 매실 숲을 따라 걸었다.

나는 시골에서 자란 탓인지 녹색의 자연경관이 너무 좋다. 특히 어릴 적 앞마당 화단과 옆 텃밭에 씨를 뿌리지 않아도 올라오는 잡풀이라 생각되는 비름나물은 밥상을 차릴 때 특별 반찬을 만드는 좋은 재료였다. 연한줄기와 잎들을 따 모은 뒤 살짝 데쳐 고추장과 참기름, 깨소금, 설탕을 약간 넣고 만드는 비름나물은 생각만 해도 입

에 군침이 돈다.

대한민국 도심이라는 곳은 거의가 마찬가지겠지만 우리는 흙이 묻어나는 땅을 만나기가 쉽지 않다. 심지어 가로수가 심어진 인도 위의 공간조차 그물망 형태의 쇳덩어리로 흙을 짓누르고 있어 보도블록이나 콘크리트 숲에 산다고 해도 과언이 아니다.

정말 보도블록 사이에서 가늘게 올라오는 질경이 잎이나 이름 모를 풀들의 녹색에 감탄하며, 농작물이든 잡풀이든 녹색이 넘쳐나는 공간이 많았으면 하는 바람을 늘 가지고 있었기에 도심에, 특히나 공원이라는 이름으로 농작물을 경작하는 곳이 있다니 너무나 신기할 뿐이었다.

도쿄도 아다치구에 있는 시카하마 도시농업공원은 1995년 개원하였으며, 생태계 보전과 도시농업의 활성화를 목적으로 한 농작물 경작공원이다. 옆으로는 하천이 흐르고 하천법면과 뚝방에 시민들의 산책로를 가꾸어 놓았다. 도시 농업공원의 총면적은 5만4천545㎡이며 논(1천400㎡), 밭(2천㎡), 매실숲(750㎡), 온실(300㎡)로 구성되어 있으며, 기타 농기구 전시실, 온실 레스토랑, 퇴비장, 놀이터 등의 부대시설이 갖춰져 있다.

개인 땅을 분양받아 이용하는 우리나라와 달리 시카하마 도시농업공원은 누구나 농업 체험을 할 수 있는 도시 농업공원이다. 연간 26만 명이 이용하는 도시농업공원의 관리를 위해 아다치구는 독립된 도시농업 운영부서를 두고 있는데, 인건비를 제외하고 연간 1억 엔의 예산을 사용하고 있다. 공원관리 직원 구성은 상근직원 7명, 비상근 6명, 노인 일자리 6명 등으로 구성되어있다. 시설물별 작물 재배 및 프로그램은 민간에 위탁운영하고 있으며, 위탁자는 전문가 평가위원회의 심사를 통해 공개입찰로 선정한다.

도시농업공원은 오전 9시에서 오후 5시까지 개방되며, 공원에서는 다양한 프로그램이 진행되고 있다. 농산물 직판장도 운영하고 있는데 매일 생산되는 유기농 채소가 판매대에 올라 오전이면 모두 팔릴 정도로 인기가 높다고 한다. 이곳 농작물은 일반 유기농매장보다 값싸고 신선하기 때문이라는 게 그 이유이다. 또한 식물에 대한 '녹색상담소'를 운영하고, 허브 교실 같은 생활원예 교실도 운영하고 있다.

일본 내에는 59개의 농업공원이 존재하지만 도쿄에서 이 공원이 활성화된 이유는 도시농업의 특징과 공원, 농업 박물관 운영 등이 장점으로 결합되어 많은 사람들이 손쉽게 찾을 수 있다는 점이다.

또한 계절에 맞게 봄에는 꽃축제, 가을에는 수확제를 열어 시민들이 직접 체험의 기회를 갖는다. 특히 벼농사의 경우 모내기, 벼베기, 탈곡, 정미 등의 4단계를 체험 할 수 있게 하며, 홈페이지와 안내책자를 통해 정보를 제공하고 있다.

농작물의 발아와 모종은 공원 내 유리온실에서 이뤄지고 퇴비 또한 공원에서 발생하는 낙엽과 부산물, 그리고 닭똥 등을 이용해 공원에서 직접 제조하고 있다. 논밭에 필요한 용수는 연못에서 끌어다 쓰고, 농업용수로 활용한 물은 공원 내 내수로를 타고 흘러 다시 연못으로 모이게 하는 순환구조를 만들어 놓았다. 공원의 남쪽은 하천과 접하고 있는데 하천변에 코스모스를 심어 가꾸기도 한다. 경작과 관련된 부분은 일본 유기농 연구회에 위탁하여 직접 재배계획이나 관리를 맡아 하고 있고, 매주 수요일에는 공원 직원들이 시민들과 함께 논밭을 가꾸는 작업을 하고 있다.

이곳을 둘러보는 동안 우리 동네의 작은 어린이 놀이터 중 늘 방치되어 있고 놀이시설 몇 개 덩그러니 놓여 있는 곳을 도시농업공원으로 만들어 주면 어떨까 하는 생각이 들었다. 이제는 발상의 전환이 필요한 시기이다. 우리 지역에서도 외곽에 도시농업형태로 땅을 분양해 5~10평 정도 규모로 개인들이 농업체험을 하고 있다. 그러나 외곽의 노는 땅이 아니라 많은 사람들이 사는 도심에 공원과 농촌 체험공간이 함께 진행될 수 있게 시도라도 해보면 어떨까?

가끔 경로당 어르신들과 대화를 하다보면 걸어갈 수 있는 거리에 푸성귀라도 농사지을 땅이 있으면 좋겠다는 말씀을 종종 듣곤 한다. 우리시에서도 어린이 이용이 적은 어린이공원 하나 정도는 도시농업공원으로 재탄생시키는 시도를 해보고 싶다.

이번 일본연수를 통해 나는 마을 만들기의 지속적 추진을 위한 교육시스템 구축이 정말로 필요하구나 하는 생각을 다시 한 번 가져본다. 우리가 무엇이든 새로운 일을 시도하려면 반드시 사람이 필요하고, 사람들의 생각이 바뀌면 우리는 더 나은 행복한 삶을 추구할 수 있을 것이다. 바로 도쿄 장난감 박물관이, 코토랩의 숙박 촌이 호스텔로 변화하면서 도시에 새로운 활력을 불어 넣었다. 또 세타가야구 타이시도지역의 목조주택 정비 사업이 30년 이상 지속되고 있는 것도 그 배경에는 지역 환경에 대한 관심과 참여를 생활화하도록 꾸준한 교육환경이 있었기 때문이다.

나는 이번 연수를 통해 행정의 입장에서 새로운 일을 위해 활용계획을 수립할 때 시간이 좀 걸리더라도 주민들을 참여시켜 실제 운영에 대한 부분을 염두에 두고 토론한다면 현실적인 계획이 수립되고, 지역재생에도 도움이 될 것이라 생각한다. 특히 마을 만들기에 있어서 좋은 시설을 갖추는 것도 중요하지만 지역과 시설의 특성에 맞게 주민소득을 향상 시킬 수 있는 활성화 전략을 수립해야 한다는 것이다.

다양한 마을 만들기 사업은 지역사회에 경제적 도움을 줄 수 있는 방향도 필요하지만, 이 과정에서 우리는 지역공동체를 활성화시켜 지역 커뮤니티를 활성화 할 수 있도록 해야 한다. 세타가야구의 '지역공생의 집'은 안식년으로 1년쯤 비우게 되는 집이나 노인들이 살고 있는 큰 집의 빈방 등 몇 개 공간을 마을 만들기를 위한 사랑방으로 제공해 주고 주민들 회의 장소나 아이들을 위한 도서관으로 활용하고 있다. 우리가 눈여겨 볼 필요가 있는 부분이다.

마을 만들기는 지역주민들이 함께 나서서 추진할 때 성과를 거둘 수 있다. 시간에 쫓겨 정부 지원금으로 사업을 추진하고 정부 지원이 끊기면 사업도 흐지부지되는 일이 많은데 주민들이 자발적으로 사업을 추진할 수 있는 추진체계를 갖추도록 지원하는 것이 중요하다.

2박 3일간의 빡빡한 일정이었지만 배운 점도, 아이디어도 많이 얻었다. 지역 만들기를 성공적으로 이루기 위해서는 현재처럼 '관이 주도하는 민간조직'이 아니라 '관이 지원하고 민간이 주도하는' 형태의 새로운 법인이나 사회적 기업, 협동조합들을 육성해 나갈 수 있게 해야 한다는 말로 마무리를 맺는다.

일본 지방의원과의 교류

평화대사협의회 주최로 2010년 8월24~28일 일본 동경 게이오 프라자호텔에서 지방의원을 대상으로 열린 일본연수세미나에 참석하였다.

8월24일 첫날은 집에서 일찍 나와 6시15분 공항리무진을 타고 인천공항으로 향했다. 공항에서 이번 연수에 함께 하는 다른 지역 의원님들과 만나 가볍게 인사를 나눴다. 오전 10시 아시아항공 OZ 102편으로 이륙하여 낮 12시30분경 도쿄 나리타공항에 도착했다. 준비된 버스를 타고 동경 숙소로 가는 도중 일본 우동의 맛을 본 후 나는 호텔에 도착해 여장을 풀고 늦은 5시 개회식에 참석했다.

이날 개회식에서는 황선조 박사가 동북아 평화와 한 · 일 관계 신 패러다임에 대해 1시간반가량 강연했다. 황 박사는 2010년은 한국이 일본에 병합된 지 100년이 되는 의미 깊은 해라며 한국과 일본은 억압과 저항, 갈등과 분열의 한 시대를 마무리하고 화해의 시대를 준비해야 한다고 강조했다. 그는 동북아는 급변하고 있는 세계질서 속에서 새로운 세계의 중심으로 부각되고 있는데 이는 개인주의적인 서구와 달리 공동체의 가치를 존중하고 가정의 안녕을 생활의 중심으로 삼는 등 유구한 유교문화의 전통이 배경에 깔려있기 때문이라고 설명했다.

황 박사는 '이제 동북아는 경제, 안보, 문화 모든 면에서 상호 밀접한 관계를 맺으며 새로운 세계의 중심으로 부각되고 있다'며 '우리는 동북아 공동체를 위한 과제를 고민하고 정부차원의 이해관계에 따른 수교가 아닌 국민적 화해와 협력을 위한 민간차원의 협력이 필요한 때'라면서 한·중·일 평화축제로 국민적 화해를 엮어내길 권유했다. 그는 한·일간 공생 공영의 평화 패러다임은 동북아시아 국가 간의 협력뿐 아니라 세계평화를 이끄는 원동력이 될 것이라며 지방의원인 우리 연수생 모두가 넓은 식견과 평화에 대한 열정과 경륜으로 대화와 교류를 많이 하기를 희망하였다. 황 박사는 또 오늘의 이 자리가 동북아시대의 100년을 준비하는 출발이 될 것이라며 이제는 지역과 정당을 넘어 풀뿌리 민주주의를 실천하기 위한 평화행동을 해야 한다고 강조했다.

21세기 세계화시대에는 한 국가, 한 민족이 아닌 시민사회가 중심이 되어 지역공동체에 의한 협력시대를 만들어가 달라는 그의 제안에 나는 정말 나 한사람의 역할이 얼마나 소중하며 정말 준비하는

평화지도자 자매 결연증서를 교환

아마노 마사키씨와 함께

사람이 되어야겠다는 가슴 벅참과 강한 책임감을 갖게 되었다.

오후 7시부터 진행된 환영만찬 및 한일 평화지도자 자매 결연식에서는 한국의 지방의원 150명과 일본의 지방의원 40여분과 지역 활동가들을 포함한 300여명이 서로 준비해온 작은 선물들과 한·일 평화지도자 자매 결연증서를 교환했다.

나는 오늘의 일정을 통해 동북아의 평화를 위해서는 반드시 남북통일이 선행되어야 함을 다시 한 번 느꼈다. 오늘 나와 결연한 '도오 이 사다유키' 씨에게 감사드리며 아이치현에서 온 지방의원 '아마노 마사키씨'와 우리의 말과 글을 가르치는 민족학교(조선적학교)에 대해 이야기를 나누고 그에게 국가 차원에서 학교지원금을 주기 전까지 지방의회 차원에서라도 먼저 관심을 갖고 지원해달라는 부탁을 드릴 수 있어서 정말 기뻤다.

공동체 의식, 다문화 가정에 대해

이른 아침 중식당, 일식당, 양식당 앞에서 메뉴를 고르다 일식당 앞의 줄이 너무 길어 양식당으로 자리를 옮겼지만 그곳 또한 줄의 길이가 만만치 않았다. 할 수 없이 자리 옮기기를 포기하고 기다린 후 매니저의 안내아래 빈자리에 앉았다가 안성시의회 유혜옥 의원님, UPF 여성국장님과 함께 맛있는 아침식사를 즐겼다.

오전 8시 반부터 시작된 첫 강의는 21세기 풀뿌리 민주주의 비전을 주제로 한 생활정치 아카데미 추성춘 원장님이 맡아주셨다. 추원장 강의내용의 중심은 더불어 살아간다는 삶의 지혜를 실천하는 것이 공동체의 기반을 확고히 다지는 길이라는 것이다.

추원장의 강의를 일부 인용하자면 '일본 농학자 다카하시 노보루- 조선반도의 농민과 농법' 책에서 다카하시는 전통과 풍토를 무시한 일본의 농법은 사람을 망치고 농업도 죽인다고 지적하고 일본의 식량공급 기지로 전락해 빈곤한 조선의 경우 농촌에서 소한 마리를 열 집 이상이 협동으로 키우는 등 한국인의 상부상조하는 공동체적 삶에 감탄했다고 한다.

추원장은 또 '일제 축산기사 마쓰마루 시마루-조선의 소' 라는 책에 '조선에서는 소의 고삐를 절대 앞으로 당기지 않고 소의 걸음에 맞춰 옆이나 뒤에서 따라 가는 고운 마음을 보이는 등 소의 마음을 이해해주고, 소가 자주적이며 자유로운 기분으로 일하도록 사육하기 때문에 세계 제일의 훌륭한 한우가 생겨난 것이다.', '조선 농촌의 공동체는 사람과 자연과 가축도 모두가 하나였다. 누구도 사람에 의해 소외되거나 개인 욕심으로 공동체의 삶이 파괴는 일이 없었다.'라고 기술되어 있다며 지역을 중심으로 생긴 마을 공동체들이 훌륭한 풀뿌리 민주주의 현장이었다고 언급했다.

그는 한국은 홍익인간의 이념에 따라 '나' 라는 개인보다 내가 속한 공동체인 '우리'의 이로움을 더 소중하게 생각하고 배려하는 미덕을 존중해온 전통이 있었다고 강조하며 지금처럼 공동체 해체가 가속화하면 국가도 상상의 공동체로 전락하고 인간의 삶도 파괴된다고 했다.

추 원장은 이어 '샌들교수의 공동체 연대와 의무'를 인용, 역사적 부당행위에 대한 집단적 사죄와 보상은 공동체 연대의식이 나의 공동체가 아닌 다른 공동체에도 도덕적 책임을 지게 하는 좋은 예라면서 내 나라가 저지른 과거의 잘못을 보상하는 일은 내 나라에 충성을 맹세하는 한 방법이라며 우리 모두 지구적 공동체를 향해 나아가야 한다고 말했다.

오후에는 3분과로 나누어 분과별 세미나가 진행됐다. 제1분과는 한·일 지방자치단체의 재정위기와 대안을 주제로 광주 남구 신인용 의원과 이토 마사히로 동경 시나가와 구의원이 각각 발제를 하였다.

제2분과는 저출산 문제와 정책대안을 주제로 충북 보은 정상혁 군수와 호히 유이치 나가레야마 시의원이 각각 발제를 하였고, 제3분과는 다문화가정과 지방자치단체의 정책을 주제로 경기도 김경표 도의원과 후지마가리 타마히로 아타미 시의원이 각각 발제하였다. 분과별 세미나이후에는 한일지방의원 공동성명이 발표되었다.

나는 3분과 세미나 참여를 통해 다문화 가정에 대한 한국과 일본의 상황들을 다시 한 번 점검해 볼 수 있었고 일본 다문화가정 관련문제로 일본 민주당의 참정권주장과 다양한 찬반의견의 현 상황을 알게 되었다. 일본의 참석자들은 국민의식의 국제화를 조성하기 위해, 또 일본인에게 더 살기 좋은 장소를 만들기 위해서는 점차 일본사회의 중요한 구성원이 되고 있는 정주 외국인에 대해 일본사회안에 존재하고 있는 편견이나 차별을 없애는 것이 중요하다는 인식을 하고 있었다. 나는 세미나를 마친 후 오히려 우리나라가 일본보다 다문화가정에 대한 배려가 크지 않나 하는 생각이 들었다. 우리는 이민자에게도 피선거권을 주지만 일본은 정주 외국인에게조차 피선

거권을 주지 않는 점에서 그들이 우리에게 배워가야 하지 않을까 생각해 보았다.

오후에는 그 유명한 마쓰시타 정경숙을 방문하였다.

마쓰시타 정경숙은 모두 잘 알고 있는 것처럼 일본 젊은 차세대 리더들의 양성기관이다. 마쓰시타 전기산업(주)의 창업자인 고 마쓰시타 고노스케가 제2의 메이지 유신을 일으킬 젊은 정치적 리더를 키울 목적으로 1979년 설립되었다. 설립 당시 마쓰시타 고노스케가 70억 엔의 사재를 출연하고 마쓰시타 그룹 관련 회사들이 50억 엔을 투자하여 20억 엔으로 건물을 짓고 100억 엔의 이자로 운영을 해오고 있다. 경기도 김문수 지사가 방문하여 교재를 얻어 가고 싶다는 제안을 했다고 하는데 이곳의 특징은 일본인 리더로서 기본적 품격을 갖추기 위해 서예, 검도, 다도, 좌선을 의무적으로 가르치는데 22세부터 35세까지의 대졸자 및 사회 경험자를 중심으로 한해 10명 이내의 소수인원만 선발하며 매달 25만 엔의 연수활동비를 지급한다고 한다. 올해 정경숙은 설립 30주년을 맞고 있는데 지난 8.30 총선에서 이곳 출신 8명이 당선되는 등 중의원 당선자가 31명에 달하는 성과를 내고 있다고 한다.

정경숙 출신의 원장은 인재를 선발할 때 '운이 좋은 사람을 뽑는다'며 정경숙에서 공장 제조 현장 연수들을 통해 현장경험을 배우고 선배 동료들의 정계진출을 통해 귀중한 경험을 얻는 것은 물론 한솥밥을 먹은 동질감으로 인맥조성도 가능하다는 것이 장점이라고 설명했다.

한 사업가의 생각과 투자가 일본이라는 나라를 이끄는 지도자 양성으로 이어졌다는 점이 부러웠고 우리나라 기업 회장님들도 일본 정경숙운영보다 더 뛰어난 활동들을 해주기를 기대해 보았다.

세계평화의 비전 강의,
도쿄 도의회 방문

오전에는 세계평화 비전에 대한 설명과 특별강의를 들었는데 모두가 지루해하는 모습이 역력했다. 오후에는 도쿄 도의회 청사를 방문하였다.

신주쿠의 우리가 묵었던 게이오 프라자호텔 인근에 위치해 있어서 모두 걸어갔다. 높이 243m의 도쿄 도청사는 2006년 미드타운 타워가 만들어질 때까지는 도쿄에서 가장 높은 건물로 맨 꼭대기 층에는 전망대가 있고 대중에게 무료로 개방되며 많은 선물가게가 있다. 컴퓨터 칩을 닮은 이 건물은 건축가 단계 겐조에 의해 설계되었고 많은 상징적인 특징들이 있는데 세 개의 건물 중 가장 높고 두드러진 것이 도쿄 제1청사로 48층의 탑이 33층에서 두 부분으로 나눠진다. 또 단지내 2개의 건물이 도쿄 도의회 건물과 도쿄도 제2

청사 건물이다. 단지내 중간 광장에서는 문화행사를 준비하고 있었고, 우리는 도쿄도의회 운영에 대해 일본 도의원의 설명을 듣고 실내를 구경했다.

일본의 광역단체장은 제도상으로는 정당공천제가 보장돼 있지만 사실상 정당공천을 기피해 60~80%가 탈당해 무소속으로 출마하고 있으며 기초단체장이나 의원은 정당 공천의 대상이 아니다. 그러나 우리는 구의원조차 모두 공천을 받아야만 당선이 가능한 제도로 운영되고 있으며 가끔 무소속도 당선이 되지만 아주 미미하기에 정당에 얽매일 수밖에 없는 것이 현실이다.

지방의원들의 활동 사례 발표

오늘 아침은 중식으로 식사를 했다. 어제 먹었던 일식당이나 양식당처럼 몇 가지를 빼고는 거의 같은 종류의 음식들이었다. 식사 후 8시 반부터는 비디오를 시청했다. 리틀 엔젤스들의 6.25전쟁 60주년 기념 UN참전 16개국 순회공연이었다.

나는 아주 오래전 광장동 공연장에서 리틀엔젤스들의 노래와 춤을 본 적이 있다. 통일교재단에서 진행하는 이 활동들을 비디오를 통해 보며 정말 많은 눈물을 흘렸다. 나중에 차에서 서로 이야기를 나누다 보니 남자 의원들도 상당수가 깊은 감명을 받고 눈물을 흘렸다고 했다. 1950년 6월25일 이름도 모르는 아시아의 어느 작은 나라에서 일어난 전쟁에 UN 합의로 16개국의 많은 젊은이들이 참전했다가 목숨을 잃거나 다리나 신체의 일부를 잃고 어렵게들 살아왔다. 세계평화를 위해 나섰지만 장애인이 되어 자식들의 부끄러움이 되었고 가족들의 짐이 되었던 이들이 60년이 지난 오늘 눈부시게 발전된 한국에서 아주 어린 친구들이 그 때의 노고에 감사하기위해 자신의 나라를 찾아와 자신과 가족들을 초대해 감사표시로 노래와 춤을 선보였다. 눈물을 흘리는 외국인들의 모습을 보며 그때 자신의 젊음을 바친 것이 얼마나 보람 있는 일이었는가를 회상하는 것 같아 이 글을 쓰는 지금도 눈물이 난다. 어린 천사들은 미국의 한국전쟁 기념관을 방문하여 꽃을 헌화하고 빡빡한 일정에 따른 공연 후 앰뷸런스에 실려 가면서까지 한국을 빛내고 있는데 우리 어른들은 과연 무엇을 하고 있는지 진정으로 부끄럽고 반성되었다.

리틀 엔젤스 공연 비디오 감상에 이어 몇 몇 지방의원들의 사례발표를 보면서 텃밭 포럼 형성에 대한 토의를 했다. 황선조 박사의 텃밭 이야기 중 기억에 남는 말이 있다. 본인이 북한에 가서 지방을 둘러보았을 때 집집마다 문에서 마루까지 들어가는 정말 최소의 길만 남겨놓고 모두 푸성귀를 심었다고 한다. 바로 이게 텃밭이다. 황박사는 이 텃밭에서 키운 야채들을 시장에서 팔아 필요한 생필품들을 구하는 것이 새로운 시장경제의 시작점이라는 것이다. 옛날에는 장에 들고 나와 팔고 사는 행위가 안 되었는데 먹을 게 없어 악에 바친 북한 여성들의 절박함에 군부도 힘을 쓰지 못한다는 것이다. 북한경제에서의 텃밭이 건강을 챙기고 더 나은 삶이 만들어지는 밑천인 것처럼 우리 지방의원들이 텃밭포럼을 통해 지역사회에 더 나은 활동을 하기를 기대하며 일본 연수 보고를 마친다.

V

시 2편과 동화 그리고 …

시, 동화, 가족 여행기 그리고 격려 문자 …

V

말

남 말에 귀 기울이지 않고
내 말만 하려드는 사람들
내 말은 다 옳고
뱉은 대로 가야 되고
내가 말할 때는 끼어들거나 끊으면 안 되고
남이 말할 때는 귀닫고 떠나는 사람들

우리는 그들을
소인배라 부르고 싶다.

그 소인배들은
"not , 아니야~ "
하는 순간
모든 것을 무너뜨린다.

그 순간 그들은
지난날 본인이 정당하다고 뱉은 말, 취한 이득 까맣게 있고,
상대를 나무란다.
"그건 아니야~"
얼굴색 하나 변하지 않고…

(시 한수로 마음 달래며 2011.8.24)

천안함 희생자들에게 바치는 글

어제부터 심하게
하늘도 울고 있습니다.

분단의 국가에 태어난 숙명은
다른이보다 국가를 더 사랑할 줄 알았고
젊음의 피로 국가를 더 수호해야 했었던
그대들은 대한민국의 정말 자랑스러운 아들들입니다.

누군가의 소중한 아들이며
누군가의 너무나 사랑하는 동생이며
또 너무나 좋아하고 존경하는 세 아들의 아버지이도 한
그대들을 잊지 않겠습니다.

그대들의 영정 앞에서
내 비록 그대들을 모르지만
가슴 메어지는 아픔과 주체할 수 없는 눈물밖에는
드릴 것이 없습니다.
나의 슬픔이 어찌 남겨진 가족 분들의 고통을 헤아릴 수 있을까마는
온 국민이 진정으로 그대들의 명복을 기원 드리오니
편안히 눈감으소서.

내생에는 반드시 총부리 겨누지 않는 통일된 국가에서 태어나
행복한 삶만 살다 천수를 다 누리기를 진정으로 기원합니다.

2010년 4월 27일
-해군이 되고 싶은 고3 아들 엄마-

닥터콩

〈이 이야기는 콩을 싫어하는 아이들에게 콩을 간식으로 먹이기 위해 이수우라는 실존인물을 내세워 이야기를 만든 것입니다〉

콩을 간식으로 먹는 아이들에게 들려주세요.

옛날에 이수우라는, 몸이 아주 허약한 사람이 있었대요. 몸에 좋다는 약은 다 써 보았지만 몸이 약한 수우는 조금도 나아지지 않았고 나중에는 외부 출입조차 못한 채 거의 방에만 누워 있었답니다. 수우는 밥도 늘 먹다 남겼는데 우연히 남은 밥을 동그랗게 빚어 방안 벽 틈새에 밀어 넣었습니다.

그런데 희한하게도 누가 빼가듯 조그만 밥 덩어리가 쏙 빠지는 게 아니겠어요? 심심하고 지루했던 수우는 매일 자기 밥을 약간씩 동그랗게 빚어 벽 틈에 넣으며 추운 겨울을 지루하지 않게 보냈답니다. 봄이 오고 여름이 지나 가을이 되었을 때 자고 일어나 보니 조그맣고 까만 콩이 반짝반짝 빛을 내며 3개가 방에 있는 게 아니겠어요? 수우는 그 3개를 장난삼아 물 대접에 넣었습니다.

다음날 갑자기 열이 오른 수우는 물 대접의 물을 마시게 되었는데 이상하게 열이 내리고, 2~3일 콩이 들어간 물을 더 먹어보니 소변보기도 힘들었던 수우가 소변도 잘 나왔답니다. 그런데 희한하게도 매일 아침에 눈을 뜨면 벽 틈 부근에 아주 작은 까만 콩이 꼭 세알씩 놓여 있어 수우는 그것을 먹게 되었습니다. 예전에는 찬바람이 불면 기침을 자주 했지만 기침도 멎게 되었고 어지럼증도 많이 사라져 바깥나들이도

하면서 키도 조금씩 자라는 것 같았지요. 수우는 참 신기한 일이다 생각하며 벽 틈을 들여다 보다 그만 깜짝 놀랐어요. 바로 한 마리의 쥐와 눈이 마주쳤던 것이지요. 너무도 놀란 수우는 이 사실을 아버지에게 말씀 드리니 아버지는 벽을 허물어 쥐를 잡으려 했습니다. 그러나 결국 쥐는 잡지 못했고 오히려 쥐눈을 닮은 조그만 콩만 몇 줌 발견했습니다. 아버지는 그 콩들을 움켜쥐고 뒷마당 언덕배기에 휙 하고 던져 버렸답니다.

이후 수우는 다시는 콩 3알씩을 얻을 수 없었고, 그렇게 추운 겨울을 지내며 몸이 다시 나빠지기 시작했지요. 그런데 봄이 되어 뒷동산에 싹이 오른 것 중에 처음 본 것이 있더니 늦여름이 지나니 거기에서 까만 콩들이 열리는 게 아니겠어요? 우연히 밖을 본 수우는 "아? 그 쥐눈이 콩이다"하며 콩들을 따서 모으기 시작했고, 먼저처럼 매일 매일 새벽에 일어나 3알씩 먹기 시작했답니다. 그 후 수우는 다시 건강해지고 책도 많이 읽어 현명해졌습니다. 점점 자라 성인이 된 수우는 아이를 7명이나 두었고, 건강하게 오래오래 살게 되었답니다.

이후 사람들은 이 쥐눈이콩을 먹게 되면 몸이 약한 어린이나 기침하는 어린이, 뚱뚱한 어린이, 눈이 나쁜 어린이 모두 두뇌발달은 물론 성장발육에 도움이 된다는 사실을 알게 되었고 모든 병을 치료한다고 닥터콩이라고 부르게 되었답니다.

남쪽 지역 돌아 오산까지~

2박 3일 가족여행기

2012년 1월 3일

체육관에서 신년하례회를 마치고 가족들과 함께 여행을 떠났다. 어느새 아이들이 훌쩍 커버려 큰애는 올해 대학 3학년으로 중국어를 전공하는데 교환학생으로 선택되어 3월에 중국으로 공부하러 가고 작은애는 대학 2학년이 되는데 아마도 올해 군대를 갈 거 같아 마지막으로 가족여행을 준비한 것이다.

부모 입장에서 자식들은 영원히 아이인 것 같다. 대학생인 두 아이에게 여행계획을 짜라고 했지만 결과물이 나오지 않아 결국 남편이 지난 일요일에 하루 종일 자리에 앉아 인터넷을 뒤지고 숙소를 예약한 끝에 겨우 출발할 수 있었다.

우선은 중부고속도로를 타고 남편의 누이가 있는 여수에 가기로 하고 가는 도중 마음이 가는 곳에 차를 세우기로 했다. 오전 11시가 넘어 출발한 우리는 충북 음성에서 맛집을 찾다가 결국 낙지볶음 집을 찾았다. 딸아이가 연포탕이 먹고 싶다고 하는 데다 주변에 차가 많은 것을 보고 음식도 맛있을 것이라는 생각에서였다. 그러나 맛에 비해서는 가격대가 너무 비싸 아쉬웠다.

2012년 1월 4일

여수에서 하룻밤을 보내고 숙소 건너편의 한 식당에서 아침식사로 갈치조림을 먹었다. 오늘의 첫 번째 목적지는 여수엑스포 홍보관. 밖에는 눈발이 날리고 있는 날씨에도 2012년 해양엑스포준비를 위한 건물공사가 진행되고 있었다. 우리 가족은 30분 정도 홍보관을 둘러본 뒤 4월에 진행될 엑스포 때 다시 오기로 하고 다음 목적지인 순천만을 향해 떠났다.

순천만을 향해 약 1시간 반가량을 달리던 도중 점심은 벌교에서 꼬막을 먹자는 의견이 제기되어 벌교 맛집 순례를 위한 인터넷 검색 끝에 한 집을 들르기로 결정했다. 오전 11시경 순천만에 도착한 우리는 홍보관을 둘러보고, 30여 분간 배도 타는 등 순천만 관광을 했다. 추운 날씨였지만 배안에는 몇몇 가족과 연인으로 보이는 커플이 대여섯 팀 정도 있었는데 흑두루미를 보면 행운이 온다는 관광가이드의 설명에 모두가 눈에 불을 켜고 갈대밭 주위를 탐색하였다. 오가는 곳곳에는 눈발이 날리고 바람이 불었고 우리는 뱃머리에 잠깐씩 나가 광활한 갈대밭을 지치도록 보았다. 배가 지나가는 곳 옆으로 용의 모습을 하고 있다는 용산이 있었는데 순천만을 전체적으로 보려면 반드시 올라가봐야 하는 곳이라고 한다.

어느새 오후 1시가 훌쩍 넘어 시장기가 심해진 우리는 앞서 점심을 하기로 한 벌교의 꼬막집을 향해 출발하였다. 꼬막탕수육과 새우가 추가된 꼬막정식, 거시기꼬막을 벌교막걸리와 함께 맛있게 먹고 난 우리는 다시 1시간을 달려 오후 3시15분경 정약용선생의 유배지인 강진의 사의재에 도착했다. 사의재는 그러나 1시간을 달려온 것이 아쉬울 정도로 볼거리가 미약했다. 달랑 정약용 선생이 머물렀던 방과 주막 역할을 하였던 건너편 초가집뿐이었는데 뒤뜰에는 주막집 할머니와 딸의 청동 동상이 있었다. 내리는 눈을 맞으며 사의재의 곳곳을 살피던 우리는 사의재 안에 누군가 살고 있는 것 같아 겉만 죽 훑어보고 나왔다.

사의재 인근에는 영랑의 생가가 있었다. 교과서에서 배운 시인 김영랑의 본명은 김윤식이었다. 우리 아들의 말마따나 본채와 사랑

채, 문 앞의 행랑채, 그리고 우물까지 있는 집에서 산 것을 보니 영랑은 꽤 잘 살았던 거 같다. 아이들은 영화 속의 우물에서 귀신이 나오는 것이 생각났던지 우물 주변을 걸을 때 종종걸음을 친다. 난 어린 시절 동네에 있던 우물물을 길어 빨래했던 기억이 나는데, 우리 아이들은 부정적인 기억만 가진 것을 보니 생각의 차이, 아니 세대의 차이가 이렇게 나는 것 같아 뭔가 아쉬움이 있었다.

다음 목적지는 화순의 도곡 온천이었다. 1시간 넘게 어둠과 내리는 눈을 뚫고 달린 끝에 오후 6시 반 정도에 도곡 온천의 미송온천호텔에 도착하였다. 온천은 8시까지만 된다고 해 서둘러 온천탕으로 향했다. 한 시간 가량 온천욕을 즐기고 나왔더니 온몸이 나른해져 저녁은 간단하게 컵라면으로 때운 뒤 모두 일찍 잠자리에 들었다.

2012년 1월 5일

어제 일찍 잠자리에 들었지만 온돌방이 얼마나 따뜻했는지 오전 7시가 넘도록 정신없이 잤다. 창밖을 보니 밤새 내린 눈이 도로를 살포시 덮고 있었다. 창문을 열어보니 차가운 바람이 기분 좋게 내 몸속으로 들어왔다. 서둘러 준비를 마친 우리는 오전 9시50분 광주시 동구의회 방문을 위해 서둘러 호텔을 나왔다. 자투리시간을 이용해 아침식사를 하기로 하고 호텔주변의 식당을 찾은 끝에 결국 백반집으로 들어가 굴순두부찌개와 백반을 정말 맛있게 먹었다.

정확한 시간에 광주시 동구의회에 도착해 홍기월 의장님을 만나 담소를 나누었다. 홍의장님은 중국 평화대사 연수 때 우연히 만났는데 나중에 우리 구리시와 광주동구가 자매결연한 것을 알게 되었고 이후 충장축제 참관 등 공식적인 방문을 통해 돈독한 관계를 가져오고 있다. 구리시의 특산물인 배즙을 선물하고 의회기념품을 답례로 받고 나오는 길에 채 의원님을 잠깐 만나 인사를 드렸다. 의장님의 배웅을 받으며 광주동구의회를 출발한 우리는 다시 광주 비엔날레 전시장으로 향했다.

광주비엔날레 전시장은 모든 전시행사가 다 끝났는지 추운 겨울 날씨처럼 분위기도 썰렁했다. 대충 보았을 때는 셔터가 내려져 있어 전시회가 끝난 줄 알았는데 1월7일까지 전시회가 연장되었단다. 덕분에 우리 가족은 우리만을 위한 근사한 전시장을 관람할 수 있는 기회를 가졌다. 전시장에는 너무나 특이하고 멋진 그림들이 많았다.

그냥 단순한 그림이 아닌 플라스틱을 녹여 만든 펭귄이나 반가좌 보살상 및 다양한 접근의 방법을 활용한 작품들이 있었는데 그 중에서도 돼지 몸에 사람머리를 한 작품은 좀 끔찍하게 느껴졌다. 작가는 어떤 생각으로 그 작품을 만들었을까? 그러나 우리 딸은 사람도 결국 고기 덩어리에 불과하다고 쿨한 한 마디를 툭 내뱉는다. 1,2

층 전시장의 다양한 현대 미술 작품들을 관람하고 실내지만 너무 춥다는 아이들의 성화에 서둘러 전시장을 빠져 나왔다.

이어 우리는 고창의 선운사를 향했다. 선운사는 오래된 고찰로 지금 주지스님이 열반에 들으셨는지 법당에 모셔져 있었다. 눈 덮인 산을 뒤로 하고 있는 이 고찰은 특히나 곳곳에 누구의 흔적도 없는 눈들이 꽤 높이 쌓여 있었다. 법당에서 삼배를 올린 우리는 우리 가족의 건강과 만사형통을 기원하는 기도 동참비를 낸 뒤 선운사 종이 있는 곳으로 갔다. 종각 옆에는 꽤 큰 감나무가 있는데 까치밥이라고 하기에는 너무나 많은 감들이 주렁주렁 달려 겨울의 멋진 풍경을 더욱 운치 있게 만들어 주었다.

오후 1시가 넘어 서자 많이 시장했던 우리는 주차장 근처에 있는 한 식당으로 향했다. 풍천장어라고 크게 쓰인 그 식당에서 풍천장어와 산채비빔밥, 파전 그리고 장어와 궁합이 맞는다는 복분자 막걸리를 주문했다. 이번 여행 중 가장 호사스러운 점심상이었다. 그러나 안타깝게도 이곳 또한 값에 비해 맛은 좀 떨어지는 것 같았다.

이어 철새의 군무를 보기 위해 1시간 40분을 달려 금강의 철새 군무지로 갔다. 꽤나 많은 차들이 있었는데 우왕좌왕 하는 모습이었다. 무엇 때문일까 궁금해 물어보니 아뿔싸! 철새가 영암으로 이동하였다는 것이다. 할 수 없이 우리는 금강 부근의 도로를 가다가 철새 무리로 보이는 것을 배경으로 사진을 찍었다. 그런데 움직이지 않는걸 보니 아마도 철새유인 가짜 새들인 모양이다. 철새 군무는 며칠 전 1박2일에서 본 것으로 만족해야 할 것 같다. 계속해서 아쉬움을 놓지 못하는 남편의 푸념을 들으며 그곳을 빠져 나왔다.

우리는 다시 유유히 흐르는 금강 주변을 따라 안성으로 향했다. 안성시의회 유혜옥 부의장님의 가게인 거목산장이 목적지였다. 당초에는 여수로 가는 길에 안성시의 팜랜드를 들리려 했지만 이왕이면 다홍치마라고 안성 간 김에 그동안 뵙고 싶었던 안성시의회 의원님들도 함께 만날 생각이었다. 그러나 공교롭게도 연락을 해보니 가족여행 첫날 안성시의회 의장님과 부의장님이 완도로 여행을 떠나신단다. 부득이 올라가는 길에 얼굴이나 뵙자고 약속한 상태였다. 의회로 들리기에는 시간이 맞지 않기도 해 매번 만날 때마다 굴밥을 먹으러 오라던 유 부의장님은 따님이 운영하는 거목산장으로 우리를 초대해 주셨다. 굴 부침과 9가지 재료를 섞어 만들었다는 동동주, 그리고 전복죽을 주셔서 맛있게 먹었다.

안성을 떠나 구리로 향하는 길목에 다시 오산시의회 최인혜 부의장의 북카페를 보고 싶다는 생각이 들어 서둘러 최 부의장과 통화를 하였다. 7시경에 도착한 우리는 혹시 최 부의장의 일정에 방해가 될까 조용히 둘러만 보고 가겠다고 하였지만 기다리겠다며 반드시 들르라고 하엿다. 오산시청 부근의 한 건물 2층에 자리한 아베크북카페에 부군과 함께 계셨다. 한쪽에는 라이브 무대, 다른 한쪽에는 공부를 할 수 있는 강의 공간이 있었다. 벽면 전체적으로 많은 책들이 놓여있는 것을 보니 두 분 다 많은 공부를 하셨고 책 보는 것을 참 좋아하는 분들이구나 하는 생각이 들었다. 실제 최 부의장의 부군은 책을 20권이나 낸 박사님이고, 최 부의장 또한 이번에 박사학위 취득 논문을 마쳤다고 하니 바쁜 의정활동에서 얼마나 열심히 살았는지를 가늠할 수 있었다. 최 부의장은 학창 시절 캠퍼스 가수였다고 하는데 특별 손님을 위한 공연을 해준다며 직접 기타를 치며 노래를 불러줬다. 너무나 아름다운 목소리와 노래하는 모습이 정말 부러웠다. 두 곡의 독창에 이어 두 내외분이 노래를 불러주셨고 나에게도 노래를 권하였지만 지금은 기타를 배우는 중이라고 사양하고 대신 6개월 후쯤 다시 와서 무대에 서겠다고 약속했다. 정말 제대로 연습해야겠다는 각오를 다졌다.

최 부의장 내외의 배웅을 받으며 오산을 떠난 우리는 차안에서 이번 여행의 소감에 대해 한 마디씩을 나누었다. 딸내미는 지역 맛집의 음식이 모두 좋았다면서 한편으로 여행 일정에 일을 집어넣은 나에게 볼멘소리를 하였다. 남편은 아이들이 좀 더 적극적으로 여행지에 대해 알려하지 않아 조금 실망했다고 쓴소리를 하였다. 3일간 열심히 운전하고 특히 내가 가고 싶은 곳을 다 갈수 있도록 배려해준 남편에게 감사인사를 하고 우리의 가족여행은 별 탈 없이 잘 마무리되었다.

슬픈 결과에 대한 격려
(2006.6.2 도의원 낙선 후)

그동안 수고가 많으셨어요. -김궁자

수고많이 하셧구요. 최선을 다하는 모습 정말 좋았습니다.
-당선 - 010-3459-4366님

정말로 고생많이 하셨습니다. 기운내시고 재충전이후 다시 한번 도전하세요. 수고하셨습니다. -박흥순

현대판 당략싸움이구나 용기를 내 많이 힘들었을텐데 니탓이 아니란다 -배영자

수고하셨습니다. 당바람이 넘했네요. 힘내고요 앞으로도 계속 화이팅 하세요. 아자아자~ -김미양

원장님은 멋지게 최선을 다하셨습니다. 최선 다하신 모습이 참으로 아름답습니다. 맘편하게 쉬세요. -배숙희

최선을 다하신 당신께 박수를 보냅니다. 담기회를 위해 홧팅! -강민자

정말 수고 많으셨습니다. ~~ 이번을 발판으로 다음 기회에는 좋은결과 있을 거예요. 힘내세요. -아주대

어려운 조건에서도 밝고 힘차게 선전하신거라 믿습니다. 미래를 위한 소중한 발판이 될겁니다. -유진경

힘내십시요. -유수기

열일 제쳐 두고 푹쉬세요. 곧 환한 모습으로 뵙기를 기대합니다. -유진경

너무 상심마세요. 주님의 뜻이 있다면 다음번엔 꼭 될겁니다. 주님안에서 승리하세요. -위미라(토평3년 상권모)

고생많으셨어요. -안승님

고생많이 하셨는데 아쉽습니다. 오천년 국민역사를 본 기분입니다. 후보님과 좋은 경험였습니다. - 문평윤 사무국장

위로의 말씀밖에 드리지 못하겠습니다. 희망을 갖고 생활하십시요 -부양 소병용 교장

뭐라 위로의 말을 해야할지 모르겠네요. 힘내고 내일을 기약해요. 더 값진 승리를 위해서! -박영록 아제

오늘은 6월1일 10시 30분 학교에서 요가시간 있습니다. 참석하시어 건강을 찾으십시요 -토평3학년 총무

그동안 수고 마니마니하셨어요. -이의순

고생했구... 초심 잃지말고 다음을 준비하는 민경자가 되렴. 정말수고했다. 몇칠이라도 휴식취하렴. -남미경 (초등친구)

민경자의원님 낙심하시지 마시고 힘내세요. 밝은 미래가 민의원님을 서둘러 기다립니다. -손영하

그래요. 항상 좋은 끝은 있으니까 힘내시고 다음기회를 잡아봅시다. 사랑해요. 수고하셨어요. -김유현 토평2년회장

안타까운 소식에 마음아픕니다. 선전분투하셨습니다. 더욱 용기내어 내일을 향해!!! -김거성 평통회장

넘수고 많으셨습니당~ ^ .^ 그동안 못챙긴 건강 챙기시고 쫌만(?) 푹 쉬세욤 처형 홧팅 -홍순재

후보님 !! 고생많이 하셨습니다. 아름다운 모습을 기억하겠습니다. -안승남배상

수고많으셨습니다! 끝까지 힘내세요. 다음이 있습니다. !!! -배유금

경험이라고 생각하시고 힘내세요. -강은영

죄송해요. 여론상 당연히 되는줄 알았는데 경자씨 힘내요. 다음기회도 있구 능력있으니까 -배종수

후보님 마음착잡하시겠지만 또 기회있으니 힘내시고 밥많이 드시고 건강하고 다음기회에 화이팅! -019-9377-235710님

힘내세여... 고생많으셨구여.. 멀리뛰기위한 준비라 생각하시구 화이팅 - 018-226-3378 님

수고많으셨어요. 병이나나지 않으셨는지요. -sda 독서문화화원 이명동

앞으로 더 큰일을 하실겨예요. 당때문에 타격이 심했던거죠. 최선을 다하시는 모습이 감동이었어요. -애기똥풀 한은희

"실패없는 성공없다." 수고많았습요! 긍정적 생각과 끈기로 지금부터 새로 시작. 홧팅! -김명진

힘내세요. -이해안

고생많이 하셧습니다 -- 이번은 경험이라 생각하시고 훗날을 도모하세요. 아주비싼 산산먹고 힘내라! 힘. -016-9336-6630 님

힘드셨죠. 세상이 이리도 실망스럽네요. 더 좋은 세상위해 노력해야겠어요. 힘내세요. -백창화

고생했다. 힘내 -이창현

애 많이 쓰셨습니다. 이번 경험을 디딤돌 삼아 더욱 건승하시길 빕니다. -정석구

고생하셨습니다. 때를 잘못 만났음이 내심 아쉽네. 상심하지 말고 앞으로도 씩씩한 모습을 잃지마세요. -최성미

후보님 힘네세요. 앞으로 하시는 일에 무궁한 발전이 있으시길 기원드립니다. -전지엽

고생많으셨어요. 한푼 도움도 못돼서 늘 마음이 아팠어요. 같이 일할 기회 많을거예요. 힘내시고 건강챙기고 머리 짜내어 좋은일 같이 해요. -진화자

고생많이 했습니다. 더 좋은 시간들이 있겠지요. -김숙 부산 뜰꽃

고생하셨습니다. 당분위기 때문에 안된것이니 낙심말고 담에는 꼭 성공할 것입니다. -주정석

노력하였으나 큰힘이 되어드리지 못해 죄송합니다. 끝이 없듯이 아름다운 재도전땐 더 노력할게요. -한재희

수고하셨습니다. 다음을 위한 준비라 생각하십시오 -토평 운영위원장

도와드리지도 못하고 인사도 못드렸네요. 서운하지만 좋은 경험삼아 더 멋진 모습 기대할게요. -공유선 서울 함께크는 우리

최선을 다하시는 모습 훌륭하고 아름다웠습니다. 더 큰 역할 있으리라 기대합니다 -부시장 정숙영

민경자 후보님 고생많이 하셨습니다. 노고에 머리숙여 깊이 감사드립니다 -중앙당 여성

좀 쉬셨어요. 고생하셨습니다. 좋은 결과 있었으면 좋았겠지만... 몸과 마음 추스리시길 ... -전영순 서울 파랑새

힘내세요. 다음에는 꼭 승리 하실거예요. -경희대 하영애 교수

나에게 온 응원문자

(도의원 선거 결과 전 2006.5.31)

6시투표마감시간 수고 많이 하셨구요 좋은결과 기원합니다
-동연엄마(최명숙)-

민경자 후보님! 수고하셨습니다.
수고하셨습니다 진인사대천명! 좋은 결과 기대합니다 -국회의원 장영달-

좋은결과 있으시길 바랍니다 -유남희-

어제저녁 떨려서 잠도 안 오셨겠어여? ㅋㅋ좋은 소식 기다리고 있을께요~
홧팅이요~! -이나영-

오늘도 화장한날씨예요 좋은여기이오내요 오늘도 홧팅 -이순화중국어-

멀리서 성원의 뜻을 전하면 당선소식 기다리겠습니다. ^.^ 광민엄마♡
-광민엄마-

제경엄마 그동안 수고했어 좋은 결과 있을거야 좋은 소식 기다릴께
-지복순-

당선의 열매가 온 집안에 그득하시어 큰일 하시길 기원 합니다
포천 이문환 -포천 이문환-

원장님 편히 주무셨나요? 오늘 멋진결과 있으리라 생각합니다 고생 많으셨습니다. 원장님 홧팅!!

이모~☆D-day!! 당선되길 기도 할께요 ^^
꼭 당선 될꺼에요 힘내시고 좋은 꿈꾸세요^^

승리는 우리것 푹 쉬고 수원 가는 길 잘익혀 두세요 -이동우-

원장님 땀방울에 베인 수고가 반드시 압승의 열매가 될것입니다. 기도 드리며 송명순 -하나여행 송명순-

민후보님 고생 많이 하셨습니다 좋은 결과 있을 겁니다. 푹 쉬세요 어머님께도 전해주세요 -장선미구리-

좋은 꿈 꾸세요 파이팅 -김성옥-

그동안 수고했습니다 좋은 결과가 있길 아자아자 홧팅 -강은영정아-

오늘밤 좋은 꿈꾸시고 편한 마음으로 푹 쉬십시요 꿈을 이룰 겁니다 홧팅 이금숙 -이금숙초롱회-

민경자 마지막까지 힘내라! 화이팅! -조장현-

민경자 화이팅 화이팅! 만세다 -이종락-

파이팅 마지막까지 최선을 다해서 좋은 결과를 만들어 내길 바랍니다. -공두영-

마지막하루 힘내시고 화이팅!1 -김궁자-

미소와칭찬에는 사람을 이끄는 마력있다! 봉사 정신으로 끝까지 힘있게 홧팅!!! -김명진-

아침 산책길 출근길목 다시한번 집중공략 하여 부동표를 최대한 모으도록 일찍 활동해라 -아버지-

하루 남은 시간 필승의 은총이 함께 하시길 진심으로 기원함다 - 임은식-

6시투표마감시간 수고 많이 하셨구요 좋은결과 기원합니다 -동연엄마(최명숙)-

반란하자 발랄하게

초판 1쇄 발행 2014년 2월 25일

지 은 이 민경자
펴 낸 이 김금실
디 자 인 이지선
펴 낸 곳 북앤미(Book&Me)
출판등록 2010년 10월 19일 제321-2010-000212호
주　　소 서울시 서초구 동산로 6길 2, 602호
대표전화 070-7766-9500
이 메 일 book9500@naver.com

ISBN 978-89-966060-3-1 03330